アメリカを屈服させた北朝鮮の力

——金正日委員長の先軍政治を読む——

朴鳳瑄

朝鮮人民軍第136軍部隊を視察する金正日委員長（2007年8月2日朝鮮中央通信配信）

2007年7月、6カ国協議の各国代表

2007年3月、北京での第6次6カ国協議

2000年6月13日、平壌空港に到着した金大中大統領（左）と歴史的な握手を交わす金正日委員長

2005年10月28日夕、平壌の木蘭館で催された歓迎宴で歓談する金正日委員長と胡錦濤・中国国家主席

平安北道竜川郡にある新岩協同農場を視察する金正日委員長（2007年6月7日朝鮮中央通信配信）

2007年4月25日、平壌の金日成広場で行われた朝鮮人民軍創建75周年閲兵式に登場したミサイル。ミサイルが閲兵式に登場するのは1992年の軍創建60周年以来。

（口絵写真提供：朝鮮通信社）

はじめに

人類解放の大河は、自己の流れに沿って違うことなくとうとうと流れている。

北朝鮮は、二〇〇六年七月五日に七基のミサイルを発射し、同年一〇月九日には核実験を成功裏に行って、世界政治に大地震を引き起こし、米国の一国主義や一極支配に破綻と没落の突破口を切り開いた。

社会主義の唯一の砦である北朝鮮は、金正日委員長の指導の下で先軍政治を行い、国の国際的な地位と威信は日増しに高まっている。

北朝鮮に対する帝国主義勢力の執拗な孤立圧殺政策の鉄条網が切断されるにしたがって、内外の分裂勢力の反統一攻勢は破綻をきたし、三千里江山に我が民族同士の時代、六・一五自主統一時代の熱風が吹き込んでいる。

今日のこのような沸きたつ時代を迎えて北朝鮮は、二一世紀の政治方式である先軍政治を高く掲げて勇気百倍、社会主義強盛大国を打ち建てるために総力で突撃戦を繰り広げている。

北朝鮮は金日成主席が築き上げた革命伝統と、金正日委員長が繰り広げる独創的な革命指導があるがゆえに、栄光の先軍時代を迎えることが出来た。

北朝鮮は先軍政治のおかげで、帝国主義勢力の包囲網から社会主義の城塞を固守して強盛大国を打ち建て、輝かしい未来へと導く主体革命発展の新たな高い稜線へと駆け上った。

五千年におよぶ悠久な朝鮮民族の歴史の中で、今日の先軍時代のような栄光に満ちあふれ、不滅の業績とヒロイズムで彩られた荘厳な時代はいまだかつてなかった。

今日、世界の進歩的な人々は、唯一の超大国を自認する米国の世界戦略である一極支配の企てが、なぜ失敗の泥沼へと転落せざるを得なかったのかを解き明かそうと努めている。

その秘訣はいずこに? これを解きすすめて行く過程で筆者は、、金正日委員長が打ち出し繰り広げている先軍政治に行き着いた。

先軍政治とは、本質において、革命と国づくりを推し進める上で持ち上がるすべての問題を軍事先行の原則に則って解決し、人民軍を革命の大黒柱にすえ、人民軍を拠りどころにして社会主義偉業全般を推し進めていく政治方式を言う。

二一世紀の卓越したリーダーである金正日委員長の先軍思想および先軍政治を研究し学ぶ風潮は今日、世界的な趨勢として時代の潮流となっている。

このような世界の進歩的な人々の志向と時代の流れにいくらかでも応えるべく、勉強不足のそしりを覚悟しつつも本書を世に出すことにした。

本書においては、金正日委員長の独特の政治方式である先軍政治誕生の背景とその普遍性、その本質および特徴を論ずるべく努めた。読者の忌憚のないご高見をいただければ幸いである。

二〇〇七年一〇月九日

朴　鳳瑄

目　次

二、先軍政治誕生の背景とその普遍性

三、先軍政治の特徴

一、先軍政治とは何か

先軍政治とは何か

ソ連・東欧の社会主義国が崩壊したあと、唯一超大国として君臨したアメリカは「社会主義の最後の砦」と言われる北朝鮮を孤立圧殺すべく、あらゆる手段をつくしたが、ついに失敗した。イラク、イランとともに北朝鮮を「悪の枢軸」と名指しし「核先制攻撃も辞さない」と脅してきたブッシュ政権は二〇〇六年一〇月の北朝鮮による核実験を契機についに軟化し、今や政権任期内の朝米関係正常化に向けて作り笑顔で奔走している。

冷戦時代からアメリカは、世界三大最重要戦略地域を公表してきた。すなわち欧州、中東、朝鮮半島である。ソ連という邪魔者が崩壊したので欧州では一息つけるようになった。中東を掌握するためにアフガン、イラク戦争が強行された。

さて残るは朝鮮半島である。南半分はすでに六〇年以上も前からアメリカの支配下にある。問題は、北朝鮮をいかに潰すかだった。しかしアメリカは北朝鮮との「平和共存」を選択せざるを得ないところに追い込まれた。

そのような選択をせざるを得ないのは、アメリカがイラク問題で忙しいからだ、という分析がもっともらしく流布されている。言葉を換えるなら、もしアフガン、イラク戦争がなければアメリカは北朝鮮にたいして軍事侵略を敢行していたか、もしくは内部崩壊を実現させていたであろうということである。

果たしてそうだろうか。軍事侵略について言うならばアメリカはアフガン、イラク戦争以前の一九九四年に試みようとしてあきらめたいきさつがある。侵攻作戦直前のシミュレーション（図上演習）で、アメリカ軍の損害がとてつもなく大きいので急遽中止となったのである。ブッシュ政権下でも二〇〇三年に同様のシミュレーションが秘密裏に行われ、やはり対北朝鮮作戦は中止となった。イラクで忙しくなったのではなくて、イラク以前に北朝鮮と戦争したかったのだが、強すぎたのであきらめただけのことである。

アメリカの孤立圧殺政策は朝鮮戦争以来、六〇年近くつづいているが、北朝鮮はいまだにびくともしない。とくに、社会主義市場の消滅と、有史以来の深刻な大自然災害の三年連続襲来、それに加えて金日成主席の死去というトリプルパンチを食らった一九九五年からの数年間。北朝鮮自らが言うところの「苦難の行軍」の時期。ふつうの国なら一〇回崩壊してもおかしくない厳酷な状況をも、北朝鮮国民は指導者と一体になって乗り切った。

全世界軍事費総額の約半分に相当する膨大な軍事費を支出している唯一超軍事大国アメリカを恐れさせる北朝鮮。きのうまでの「兄弟国」や「同盟国」すら見限った苦難の時期、飢えに耐えながら団結して祖国を守り通した北朝鮮。

一見貧相な北朝鮮の、このように驚くべき底力の秘密は一体どこに潜んでいるのであろうか。その秘密を解くキーワードは「先軍政治」である。

「先軍政治」――日本の読者にとっては耳新しいこの言葉は「苦難の行軍」時期から北朝鮮でしきりに使われるようになった。

金正日委員長は「先軍政治とは本質において『軍事先行』の原則に則って、革命と国家建設を推し進める上で持ち上がるすべての問題を解決し、人民軍を革命の大黒柱にすえ、これを拠りどころにして社会主義偉業全般を推し進めていく政治方式をいいます。」(図書「我が党の先軍政治」二〇〇六年刊、九五頁)と述べた。

先軍政治の本質は二つの側面から考察することが出来る。一つは「軍事先行」の原則に則って、革命と国造りを推し進める上で持ち上がる全ての問題を解決する政治方式であるということと、今一つは軍を革命の大黒柱にすえ、それを拠りどころにして社会主義偉業全般を率いていく政治方式であるということである。先軍政治の本質に関するこの指摘は、先軍政治が依拠している原則と政治勢力が何であるかを明確に示している。

(一)「軍事先行」の原則を具現した政治

金正日委員長は「先軍政治においては軍事が第一義的であり、軍が革命の核心部隊・主力軍であり、軍の強化が基本であります。」(「先軍政治路線は現代の偉大な革命路線であり我が革命の百戦百勝の旗幟である」単行本二頁)と述べた。

軍事を先行させる原則に則って、革命と国造りを推し進める上で持ち上がるすべての問題を解決して行くということは、軍事を国事のうちの最優先国事として取り上げ、国務全般を軍事力の強化に服従させることを意味する。

政治には各種政治組織の結成や社会制度の樹立、経済発展および国防力の増強、外交活動などの分野で色々とむずかしい問題が起こる。先軍政治はこのような多様な国務の中で、主力を傾ける分野として軍事部門を挙げる。

その理由は先ず、軍事が国と民族の存亡および革命の命運にかかわる最も重要な国務であるからだ。精強な国防力の有無いかんに国家と民族、革命と社会主義制度の運命がかかっている。

軍事は国土防衛に関わる重大な国務であると同時に、国家と民族の発展を保障する重要な国務でもある。軍事をおろそかにするならば、国家と民族の尊厳と名誉と繁栄はあり得ない。「銃と剣」がさびついた日には、国家の最高利益を守りきれないばかりか、国家発展のための有利な環境作りもままならず、革命偉業を力強く推し進めることも出来ない。軍事が国家政治において第一義になる事由が正にここにある。

軍事の重要性は、世紀が変わり時代が移り変わるほどに、いっそう重要な意義をもって浮かび上がる。軍事力が弱かったゆえに政治動乱の嵐に巻き込まれて苦痛を味わなければならなかった国々の深刻な教訓がこれを物語っている。「銃と剣」で政権を握った国だとしても「軍事先行」の原則に則って国の防衛力の増強を怠るならば、その戦果を一朝にして失う悲劇を免れることが出来ない。

昔から鋭い判断力と知覚を持った政治家らは、国の存亡と民の生死が軍事にかかっているので、軍事に大きな力を傾けなければならないとした。

過去、地球上の多くの弱小国が侵略者の銃と剣の前に、国の自主権を奪われ長い間奴隷として踏みにじられてきたのも、軍事をおろそかにして自らの精強な軍を持たなかったことに起因している。

帝国主義勢力が軍国化の傾向を呈し、力の政策にいっそう執拗にしがみついている現況の下では、「軍事重視」および「軍事先行」は益々重要な要求となってくる。「軍事先行」の原則を打ち立ててこそ、国の軍事力を増強して如何なる帝国主義勢力もあえて手出しが出来ない強大な国に造り上げることが出来るのである。

軍事が政治において基本となるのは、それが革命と国造りを推し進める上で持ち上がるすべての問題を成功裏に解決できる確固たる保障となるからである。

帝国主義勢力との間で尖鋭な戦いが繰り広げられている下で、国と民族と革命の運命を守り通すことは言うに及ばず、社会主義制度の経済と文化の分野においてまで、確実な軍事的保障なくしては、革命と国造りを推し進める上で持ち上がるすべての問題を成功裏に解決することは出来ない。

政治において軍事を基本にして国の軍事力をしっかりと調えておけば、古い社会制度から新しい社会主義制度を樹立することが出来、社会主義国家建設もまた成功裏に推し進めることが出来る。

力強い党を作るにしても、また国家を建設するにしても、確実に軍事を先行させるべきであり、経済と文化を発展させる事業ですら、精強な軍事力の裏づけがあってはじめて成功裏に推し進めることが出来るのである。

国家の政治的独立と経済的自立は、軍事的威力によってのみ保障される。如何なる勢力による圧力にもびくともせずに自主を貫き通せる胆力も、革命の前途を主導的に切り開くことが出来る政治的決断も、強い軍事力をバックにしてはじめて可能なのである。

イラクの指導部がアメリカの封鎖と侵攻に対してそのつど豪語したが、結局侵略されざるを得なかった悲劇的現実が、これをはっきりと証明している。

軍事力を抜きにした自主や自立などは有り得ない。帝国主義勢力の侵略と干渉をはねつけ、革命と国造りにおいて主体性と民族性を確固として守り通すためにも軍事力が強くなければならず、国際舞台の場において国家と民族の尊厳を守るためにも精強な軍事力が必要なのである。

時勢が緊迫してきたとして軍事を重要視し、情勢が緩和したとして軍事を疎かにするのは、本当の意味での軍事重視ではない。「軍事重視」および「軍事先行」は、帝国主義勢力の息の根が残っている限り、必然的かつ恒久的な政策とならなければならない。

以上のような問題に答えを出したのが先軍政治である。

「軍事先行」の原則にそくしてすべての問題を解決する先軍政治の本質的内容は、幾つかの側面から考察することが出来る。

先軍政治が「軍事先行」の原則に則って革命と国造りを推し進める上で持ち上がるすべての問題を解決する政治方式であるということは、「軍事先行」の原則を出発点にして諸々の路線と政策を策定し、軍の精鋭化と防衛産業を重視した政策を実施することを意味する。

一　「軍事先行」の原則をスタート台にしてすべての路線と政策を打ち立てていく

先軍政治は、「軍事先行」の原則を貫くとともに、その原則をスタート台にしてすべての路線と政策を作成し執行するという内容を織り込んでいる。

政治における基本は、党と国家の路線と政策を正確に作成し執行するところにある。

特に労働者階級の党と国家は路線と政策を提示することによって、国民が革命闘争において到達すべき闘争目標と課題、その実現方法を明らかにしなければならない。

国民は党と国家の正しい路線と政策による指導を受けてはじめて革命の主体としての地位を占め、自主性を実現する闘いでその力を発揮することが出来る。党と国家の路線と政策は指導と国民の結合を保障し、革命が勝利を成し遂げる上で重要な要因となる。それは党と国家の路線と政策が、リーダーの指導を実現させる重要な手段になることとかかわっている。

党と国家はリーダーの思想と指導を実現させる政治上の武器である。リーダーの思想と指導を実現させる政治上の武器としての党と国家の活動は、路線と政策を打ち出してそれを貫徹する過程を通じて実現する。

革命において領袖は国民の最高の代表者・最高首脳であり、領袖の思想と意図は党と国家の活動指針・スタート点となる。したがって社会主義社会において党と国家は、領袖の構想と意図を反映した路線と政策を打ち立て、それを最後まで貫き通すことを基本的な活動方式としている。

党と国家が路線と政策を正しく作成し実施しようとするならば、領袖の指導原則を正確に知る必要がある。

領袖は革命と建設の全般を導く。このために領袖の思想と意図は、革命と国造りの全ての分野を包括する非常に幅広く雄大な範囲を網羅する。領袖は革命と国造りを導く上で、根本をなす基本の核を探し出してはそこに力を集中させる。社会主義政治で根本となる指導を堅持しながら革命と国造りを統一的に推し進めていくのは、飛びぬけた政治能力を身につけた偉大な領袖が行なう非凡な指導方式の一構成部分である。

金正日委員長の先軍政治が唱える「先軍原則」・「軍事先行」の原則は、金正日委員長が革命と国造りを導く上で揺るぎなく堅持しているもっとも科学的な指導原則であり指導方式である。

「先軍政治」・「先軍原則」が基本的な核をなしている金正日委員長の政治において、「軍事先行」の原則は政策の作成とその遂行の礎となっている。

金正日委員長は以前金日成綜合大学に通っていた時、軍事キャンプを体験して「軍事第一主義」が私の主張である、と言った。「軍事第一主義」とは、政治をつかさどる上で軍事に優先権を与えることを意味する。「軍事第一主義」は先軍思想、「軍事先行」の原則へとつながっていく貴重な思想である。

軍事を国事の中の最重要国務として取り上げ、精強な軍事力を拠りどころにして革命偉業を最後まで完成させるための「軍事第一主義」・「先軍思想」は、金正日委員長が一貫して堅持している磐石の信念であり意思である。金正日委員長は以前に、私は何よりも「銃と剣」を重視し、いつも「銃と剣」を一番大事にしていることを隠したりしない、私はけっして並みの平和主義者ではなく、帝国主義勢力と反動勢力の無謀な挑戦には最後まで「銃と剣」を手に立ち向かうことであろう、でなければ私は金日成主席の戦士でも白頭山の男児でもない、と述べたことがある。

金正日委員長が打ち出した「軍事第一主義」・「軍事先行」の原則は、長きにわたる反帝闘争の歴史的な経験と教訓を集大成した思想であり原則であり、この時代の前途と革命闘争の正確な道しるべ、路線と政策の作成の礎を明示している科学的な思想であり原則である。

「先軍思想」・「先軍原則」は金日成主席の革命思想の全体系と内容を貫いている重要な思想であり原則であり、先軍政治は金正日委員長の基本的な政治方式である。今日北朝鮮の全ての路線と政策および戦略と戦術は、金正日委員長の「先軍思想」・「先軍原則」に基づいて打ち出されている。

先軍政治が明らかにしている「軍事先行」の原則は、路線と政策を作成する上で違えることの出来ない基準となっている。これは先軍政治が「銃と剣」を握り締めて自らを擁護保全せんとする国民の要求と志向を最も正確に盛り込んだ原則だからである。

金正日委員長は「先軍政治は我が革命がおかれた厳しい情勢の要求と国民の意思を反映したもっとも正当

な政治であります。政治は徹底して国民の意思と要求を反映しなくてはなりません。国民の意思と要求に顔をそむけた政治は国民の支持を得ることが出来ません。」（図書「我が党の先軍政治」二〇〇六年刊、九八頁）と述べた。

党と国家の路線と政策に国民の意思と要求を反映させる上で重要なのは、国民の自主的な要求の中で最も根本的かつ優先的な要求を正確に反映させることにある。

「軍事先行」の原則は、党と国家の路線と政策に、国民にとって根本的かつ優先的な要求である自己を擁護保全せんとする志向と要求を正確に反映させた原則である。

人や国民にとってもっとも貴重なものは社会政治的な生命である。もちろん生活において満ち足りた物質生活と豊かな精神文化生活を享受することが重要であることは多言を要しない。しかし、人が経済的に満ち足りた生活を送るにしても、社会政治的自主性を失うならば死んだ身も同然である。

人や国民の社会政治的自主性は、外敵や搾取階級のため奴隷の身に成り下がった時に完全に踏みにじられる。

死んでも奴隷としては生き長らえようとはしない心、敵と戦って死のうとも他人の奴隷として隷属しながら生き延びようとはしない心、これが人や国民の自主的本性である。

支配階級の苛酷な搾取と外敵の侵略に反抗して立ち上がることは、自分自身を擁護保全せんとする人間の本性であり基本的権利でもある。国民が自分自身の自主性と尊厳を侵害する敵に立ち向かって戦おうとするならば、「銃と剣」をしっかりと握りしめて「軍事重視」・「先軍」の道を進まなければならない。

北朝鮮国民は、「銃と剣」を手にして自主的尊厳を守るための闘いを切り開いていく過程で、「銃と剣」が貴重であることを骨身に刻んだ国民である。

「銃と剣」の上に幸せも未来もあり、「銃と剣」から人間の真の幸せを保障する貴重な財貨が生まれて来るというのが、今日の北朝鮮住民が身につけた闘争観であり生活観である。

軍事を国事の中の最重要国務として提示した「軍事先行」の原則は、正に「銃と剣」によって自分自身を守ろうとする国民の根本的な要求を織り込んだ、もっとも正当な革命の指導原則なのである。

「軍事先行」の原則には、帝国主義者には慈悲の心など有ろうはずがなく、寛容も有り得ないという確固たる階級的な原則が貫かれている。

敵が剣を抜けば大刀を手にし、銃を握れば大砲を向けて立ち向かうというのが北朝鮮の意志である。このような覚悟と意志は、正にこの道のみが自主的な近衛兵、自主的な国民としての尊厳と栄誉を固守し輝かす唯一の道であるという自覚に基づいている。北朝鮮軍と国民の確固不動たる覚悟と意志は、金正日委員長が打ち出した「軍事先行」の原則に反映されている。

先軍時代に北朝鮮が打ち出した路線と政策が強い生命力を発揮しているのは、そこに国民の意思と要求が徹底して正確に織り込まれているからである。

北朝鮮が最近打ち出した、防衛産業を優先的に発展させながら軽工業と農業を同時に発展させる路線は、「軍事先行」の原則に則って党の路線を作成し提示した輝かしい模範となる。

金正日委員長は「先軍時代の経済拡大路線は、防衛産業を優先的に発展させながら軽工業と農業を同時に発展させるところにある。」（『偉大な指導者金正日同志の名言集』・『先軍政治』四三頁）と指摘した。

精強な国防力は軍と防衛産業から成る。もちろん自国の軍を武装させる上で、他国の力を借りることも有り得る。しかし実践的な経験は、自国の自立的防衛産業を育成せず他国に依存するだけでは、国の防衛力を増強することが出来ないことを教えている。

防衛産業は自主独立国家の生命線である。

防衛産業を優先的に発展させるためには、防衛産業の発展に優先権を与え、民需産業に先んじて発展させなければならない。防衛産業を優先的に発展させながら軽工業と農業を同時に発展させるという北朝鮮の路線は、正にこのような内容を含んでいるのである。

今まで北朝鮮は、重工業を優先的に発展させながら軽工業と農業を同時に発展させる経済路線を推し進めてきた。

朝鮮労働党が朝鮮戦争後に提示し引き続き堅持してきたこの路線は、北朝鮮経済の発展、ことに防衛産業の発展に大きく寄与をした。防衛産業は重工業を礎にして発展する。

重工業を優先的に発展させながら軽工業と農業を同時に発展させる北朝鮮の経済路線によって力強い重工業が育成された結果、北朝鮮の防衛産業は勢いよく発展することが出来た。北朝鮮はこれを踏み台にして一九六〇年代はじめに、経済と国防を併進させる路線を打ち出した。

この路線によって北朝鮮の防衛産業は新たな発展の軌道にのることになった。北朝鮮が以前に打ち出した路線によって育成された活力ある重工業は、防衛産業を優先的に発展させるための広大な礎となっている。

また新たな路線による防衛産業の優先的な発展は、重工業と軽工業と農業を包括する経済全般の発展をもたらす。

「軍事先行」の原則は、北朝鮮が政策や方針を策定する上で基礎となっている。その代表的な実例が「最前線式政治事業」を展開させることに関する朝鮮労働党の方針である。

「軍事先行」の原則は、人民軍内で生まれた党関連業務での模範的な事例を一般に広め、それを通じて一般社会でも画期的な転換を呼び起こすことを求めている。

この方針に従って北朝鮮全国の党組織は、全ての業務を一斉に軍内でのように活発に転換し始めた。特にこのような方針は「苦難の行軍」時期に北朝鮮の一部幹部らの間に表れた敗北主義を一掃し、北朝鮮全域に革命的軍人精神が満ちあふれるようにする上で大きな影響を及ぼした。

「最前線式政治事業」は、人民軍内での党業務と活動の基本的な特徴である。その簡潔な形式と戦闘的な内容は、北朝鮮国民から全面的な支持を受けた。

あれほど厳しかった「苦難の行軍」時にも、北朝鮮の「九月一〇日船舶修理工場」ではドック建設現場で革新が起き、「キムジョンテェ電気機関車工場」では新しい型の客車が生産され、「タバコ連合企業所」では経営管理の合理化が実現した。これらの成果が生まれたのは全従業員が人民軍内で党組織が行ったように、業務を戦闘的に推し進めたからである。

「軍事先行」の原則に則って新たに打ち出された北朝鮮の政策と方針および執られた処置は、北朝鮮国内の一心団結をよりいっそう固め、北朝鮮の社会主義制度をさらに強固なものにしている。

二　軍の強化を基本とする

先軍政治は軍の強化を基本とする政治であるという本質的な内容を含んでいる。

金正日委員長は「革命において基本は『銃と剣』である。」(「偉大な指導者金正日同志の名言集」・『先軍政治』七頁)と指摘した。

政治の本質は、その政治が社会の色々な社会政治集団の中から、どの集団の強化に基本を置くのかによって決まる。

社会には労働者階級や農民やインテリや軍人など色々な社会政治集団が存在する。これらの社会政治集団の中からどの集団の強化に先ず力を傾けるのかということは、その国の政治の目的と使命が何であるのかによって決まる。広範な国民を率いて社会主義制度の完成を主導していくには、どの社会政治集団の強化に優先権を付与するのかという問題を正確に解決しなければならない。

社会主義革命の古典理論家らは労働者階級を指導階級にすえて、彼らのリーダーシップを強化することに先ず力を注がねばならないと主張した。労働者階級の革命性が社会のどの階級階層より際立っていた時期には、この命題が重要な役割を果たしたのは確かだ。

しかし革命軍が労働者階級より革命性がより強い社会政治的集団として登場し、帝国主義勢力との軍事的対決が先鋭化している今日にいたって、この命題は時代遅れにならざるを得なくなった。

現代は、社会の先頭に立つ社会政治集団は果たしてどの集団なのか、という問題に対する新たな答えを求めている。

現代が求めるこのような新たな歴史的課題に答えを出したのが先軍政治である。

先軍政治は「軍事先行」の原則に則ってすべての問題を解いていく政治である。先軍政治が明らかにした「軍事先行」の原則は、社会の色々な社会政治集団の中から軍を選び、その強化に真っ先に力を入れることを要求する。先軍政治は、軍を思想と信念の強兵、無敵必勝の強卒に育て上げる政治である。軍の強化が先軍政治の本質的内容となるのは、まず第一に軍が革命の第一線を受け持っているからである。帝国主義勢力との対決は、政治、軍事、経済、思想文化、外交などあらゆる分野で全面的に繰り広げられる。帝国主義勢力は他国と他民族の自主権を蹂躙し社会主義勢力を圧殺すべく、政治外交的な孤立化と経済封鎖、思想文化浸透および軍事的な威嚇と侵略を絶え間なく敢行する。したがって帝国主義勢力との対決は、社会のあらゆる分野がすべて包括される。

中でも国と民族および社会主義制度の存亡がかかっている革命の基本戦線は反帝軍事戦線である。それは帝国主義勢力が軍事力を万能とみなし、世界制覇を実現する上でそれを前面に押し出しているからである。帝国主義勢力は他国と他民族を支配し、反社会主義の野望を実現するためにありとあらゆる手段と方法を使うが、軍事力がその基礎となっている。

軍事力で世界を制覇しようとする帝国主義勢力のこのような行為の根底には、強大国としての「自国中心主義」がある。

湾岸戦争が終結するや米大統領ブッシュ一世はテレビに出演して、アメリカは当然「世界のリーダー」としての役割を果たすべきであり、そのためにはアメリカ市民が「パックス・アメリカーナ」の道を歩むべきであると力説した（図書「米朝対決と二一世紀」三四頁）。アメリカの「パックス・アメリカーナ」は非常に危険な反社会主義思想である。「パックス・アメリカーナ」はアメリカの帝国主義的な専横を弁護する詭弁で、やろうと思えばどの国であろうと打撃を加え、どのような行為を犯そうとも処罰されないと言う、極度に傲慢な「特殊意識」をアメリカ人に植え付けている。

アメリカ人らが自慢するのは、強大な軍事力と経済力、科学技術とアメリカンスタイルの文化である。アメリカは、アメリカが現在国際舞台で支配的な地位を占めているのは、当面して、国際性を帯びるすべての問題を解決する上でアメリカ抜きに何もすることが出来ないからだと公言する。アメリカの支配層は、強大な力をもつアメリカが何のために他人の目を気にし、国際機構や国際条約に縛られなければならないのかと、傍若無人の論理を振り回している。

アメリカが最も憂慮しているのは、世界の幾つかの国と地域が多極化で相対することにある。したがってアメリカは「世界一体化戦略」によって世界を単独で治めることが出来ることを見せ付けるためにも、意図的に軍事力を行使しているのである。これが「パックス・アメリカーナ」が骨の髄まで染み込んだ米統治者らの政治方式である。

これによってアメリカは、既成の国際慣例とか国際法や国際条約も無視し、国際社会の安定と不安定も自国の利害関係を基準にして評価している。相手がどの国であろうとアメリカが利益を侵されたと見なした時には、不安定要因を正すとの名目の下に、内政に干渉するのがアメリカである。

米新聞「インターナショナル・ヘラルド・ドリビューン」は、最近、「世界貿易センターとペンタゴンおよびカンダハルの灰の中から、アメリカ主導の新たな世界的外交秩序が生まれた。」としながら、その秩序とは「アメリカが会談の席上で机を叩けば、他の国がみな頭を垂れる外交秩序」と報じた。

このような国際舞台におけるアメリカの独断と専横は、軍事力をバックに、極限に達している。アメリカ政府は自国の目的を達成するためならば、大量殺傷兵器もはばかることなく使用するとあらわに公言している。帝国主義勢力が軍事的手段を万能と見なしている状況の下では、帝国主義勢力との対決がもっとも尖鋭な戦いにならざるを得ない。現在、反帝軍事戦線が国家と民族および社会主義制度を守る基本戦線となっている事由がここにある。

反帝軍事戦線が革命の基本戦線・生命線になるにしたがって、その戦線に配備されている軍の重要性は益々高まっている。

ところで戦争における勝敗のカギは主に軍の強弱にかかっている。したがって軍をして精強な戦闘部隊に育て上げることは、国の運命を守るための切実な要求となる。軍が思想精神的にも、軍事技術的にも、戦略戦術的にもしっかりと戦闘準備を調えておかなければ、自分の威力を充分に発揮することが出来ず、結局戦いで負けることになる。

これは最近のアフガン戦争を見ても分かる。

アフガニスタンのタリバン軍がアメリカ軍主導の連合軍に敗れたのは、兵力および火力の劣勢にも一因を求められるが、基本的にはタリバン軍が精神的に敵に圧倒されて、戦略戦術面で致命的な誤りを犯したところにある。

元々アフガニスタンの人々は、大小様々な戦争と内戦に巻き込まれて戦いには慣れきっていた。

一八四二年、アフガニスタンを侵犯したイギリス軍がカブールから追い出されて退却した時、アフガン人の執拗な襲撃と猛烈な雪嵐に厳しい飢えが加わってイギリス軍一万五千名が全滅し、インド兵ただ一人が生き残ったと言う。

一九七九年一二月二七日にソ連軍は戦車と装甲車で戦塵を巻き起こしながら、わずか一週間でこの国の首都と村を掌握した。しかし山奥に入った「ムジャヘディン」（抵抗組織）は、随時村に下りて来てはソ連兵を殺害し食糧と武器を奪って山に逃げ、ソ連軍捕虜を捕まえては首を切り、内臓を取り出し、口を裂いて殺すなど、山岳民族としての残忍性を見せつけることによって、ソ連軍を恐怖に陥れ敢て山に入るのを忌むように仕向けた。

十数年のあいだに「ムジャヘディン」は、ソ連軍一万五千名を殺害しその一〇倍に達する人員に傷を負わせ、一九八九年二月一五日にはソ連軍を自国に撤退させた。

このようなアフガン人がこのたびの戦争で負けたのは、戦略戦術的な錯誤を犯し精神的に敵に圧倒されたところにあった。

タリバン側が、兵力の上でも軍備の面でも圧倒的に優勢な連合軍を相手にゲリラ戦を展開していたなら、長期戦に持ち込むことが出来たはずである。しかし正面対決を試みた結果多大な損害を出すに至った。結局、連合軍のジュウタン爆撃と精密誘導爆撃そして特殊部隊の攻撃、そしてさらに米軍の特殊心理戦にひっかかり数多くの兵士が逃亡し投降した。

米軍の心理戦には、すでに湾岸戦争とユーゴ戦争で名を馳せた心理戦部隊と特殊作戦飛行隊が動員された。米軍は伝統的な宣伝と威嚇と欺瞞戦術を使って、タリバン軍の心理を揺さぶっておいた。

米軍が駆使した心理戦は、連合軍はタリバン政権のみを相手に戦う軍であるとしながら、人道的な食糧援助をエサにして民心を引きつけた。米軍爆撃機による空襲が続く中にも、空飛ぶ放送局と呼ばれる心理戦用の航空機が現地のラジオ放送局の周波数に合わせて放送を流す一方で、ビラやパンフレットおよび民間人に対する非常用食糧を至る所に投下した。

ビラには「タリバン政権が存在する限り米軍の攻撃は避けられない」との米国防長官ラムズフェルドの警

告と、タリバンの対空火砲のために「民間人に対する食糧投下が思い通りに行かなくなった。」という内容、タリバン軍の司令官が投降したとのニュース、「兵士らの戦死を横目にオマルはカンダハルの豪邸で四人の妻を従えて楽しんでいる。」などの内容が書かれてあった。

一方タリバン軍に動揺を引き起こす目的で、タリバン統治区域の周辺にあたかも米軍が展開しているかのごとく見せつけるために不意に爆弾を投下したり、買収されやすいタリバン軍兵士の弱点に付け込んでカネをばら撒く工作まで繰り広げたりした。

米軍の心理戦によって数多くのタリバン軍兵士らが投降逃亡するに至ったが、これはタリバン勢力の急速な弱体化をもたらした。

このような事実は、戦争の直接の遂行者である軍人が思想精神面においても、軍事技術面においても、そして戦略戦術的にも万全の準備を調えて置かなければ、戦争で敗北を免れないということを明確に立証している。

国防力を増強する上での基本は軍の精強化にある。軍の精鋭化に一次的な力をそそげば、帝国主義勢力の侵略も断乎として打ち破ることが出来る。軍の威力に国家と民族の命運がかかっている。

軍を必死の覚悟と意志をもった政治思想の強兵、最新の軍事技術と軍備を調えた不敗の武力として仕上げた時、反帝軍事戦線は金城鉄壁のごとく固められ、国家と民族と国民の自主性も守られるのである。

軍の強化が先軍政治の本質的内容となるのは、第二に、軍が強ければ党と政権を守り、国民の幸福な生活も円滑に保障することが出来るからである。

国民が自らの運命を切り開いていくためには、この事業を組織指導し、生活を見守ってくれる政治組織が必要である。国民は政治組織なしには、けっして自らの運命を正しく切り開くことが出来ない。

国民の命運はリーダーの指導の下に開拓され、リーダーは党や国家機関をはじめとする政治組織を通して勤労国民の運命を見守ることになる。したがって国民の保護者である党と政府をしっかりと守ることは、国民の運命を切り開く上で死活問題となる。

党と政府と国民の保全というこの重大な課題は軍が担っており、軍はこのような任務を全うするためには強くなくてはならない。軍が強ければこそ、党と政府の活動および国民生活を武力をもってしっかりとバックアップすることが出来るのである。

軍が党を抜かりなく護衛する時、党はリーダーシップを正しく発揮することが出来る。元来、軍の運命と党の運命は不可分の関係にある。

特に革命的な党の指導は革命軍の命でもある。党の指導を受けられない軍は精強な戦闘部隊にはなれない。党が軍を指導し国民を率いる時、無敵の力を発揮することが出来る。

党の思想で自己武装し、党の指導を受ける軍は、自己の使命と本分を全うすることが出来る。ところで党は、軍の護衛の下ではじめてリーダーシップを正しく発揮するのである。国民の自主性を実現するための革命的党の活動は、その前途をふさぐ帝国主義勢力とその配下勢力を相手にした熾烈な対決の最中に展開される。帝国主義勢力とその配下勢力は反革命的暴力でもって革命的党の活動を妨害する。

革命的党は、内外の敵の反革命的暴力に革命的暴力で立ち向かわなければ、存在を維持することも出来ない。

その代表的な実例がインドネシア共産党の場合である。一九六〇年代にスカルノ大統領と連立政権を構成していたインドネシア共産党は、数百万人に及ぶ党員を擁していたが、軍部の反乱の前に一朝にしてその存在を終えた。インドネシア共産党の敗北は、革命軍が革命的党をしっかりと護衛するとき、党は執権党としての地位を固守することが出来るという教訓を遺した。

社会主義政権も軍の護衛の下ではじめて自己の役割を果たすことが出来る。

社会主義政権は社会の全構成員をすべて網羅しているもっとも包括的な組織で、社会主義偉業の最終的勝利を達成するための力強い武器である。社会主義政権を守りそれを強化するための闘争は、奪われた政権を奪還せんとする敵対階級と、社会主義勢力を目の敵にしている帝国主義勢力との厳しい対決の内に行なわれる。

社会主義政権がこのような対決の中で自己の機能を全うするためには、軍を強化しなければならない。軍を強化してこそ帝国主義勢力とその配下勢力から国民の政権を守り通すことが出来る。

ロシアのある革新人士は次のように言った。「いつの時代、どの国でも政治を論じる時は、国家の安全に関する問題が話題にならなかった時がない。事実、国家政治の外皮を剥いで本質に深く分け入れば、国家の安全問題に行き当たる。このような意味から金正日委員長の先軍政治が正しいと言うことは多言を要しない。過去に我がロシアも北朝鮮なみに先軍政治を行なっていたならば、社会主義制度を失うことは無かったであろう。」（元ソ連国家安全委員会委員長、一九九八年九月二七日）。

軍を強化することは、国民の自主的かつ創造的な生活を円滑に保障する。軍の運命と国民の運命はひとつに結ばれている。

帝国主義勢力は自己の支配領域を拡大するために、進歩的な国の国民の警戒心を緩めようと詭弁を弄している。

アメリカで起きた「九・一一事件」以降、アメリカやイギリスをはじめとする西側諸国の一部の政治家や学者が唱え出した「新帝国主義論」がその代表的な実例である。この理論の要諦は、発展途上国は発展した西側諸国の指導と援助を受けない限り発展は望めない、ということだ。イギリス首相の対外政策担当補佐官は「遅れた国の文明と統治が新たな生を授かろうとするならば、『新植民地政策』が必要である。」と言い放った。これに西側諸国の多くの国がここぞとばかりにエールを送って、盗人猛々しい詭弁を持ち出して来た。

ある者は、西側が「旧式国家」と交流する時には、「武力や先制攻撃や欺瞞戦術」などの一九世紀に用いた植民地手法を適用すべきであると公言してはばからなかった。最近西側諸国で台頭している「新植民地政策論」は、社会主義勢力が弱まったのを機会にますます力の政策にしがみついている帝国主義勢力の企ての表れである。この説にしたがって帝国主義勢力は、武力の使用と先制攻撃および欺瞞戦術で社会主義国家と発展途上国を孤立圧殺することにより、かつて失った植民地勢力圏と支配領域を取り戻そうと企てている。

帝国主義勢力が他国民を植民地奴隷にしようと狙っている状況の下では、国の軍事力が強くなければ国民の幸せな生活を守り通すことが出来ない。軍が強ければ党も政権も守ることが出来るのみならず、国民が自主的かつ創造的な生活を営むことが出来るので、軍の精強化が先軍政治での基本となるのは必然的である。

軍を強化することが先軍政治の本質的内容となるのは第三に、軍が強くなければ革命の核心勢力としての使命と役割を全うすることが出来ないからである。

社会主義政治における成功のカギは、革命の大黒柱・主力勢力を正しく規定して、その役割を高めることにかかっている。革命の大黒柱に関する問題の解答を引き出すためには、幾つかの社会政治集団の中から革命の大黒柱になれる核心勢力を正確に規定し、自己の使命と役割を全うすることが出来るように導く必要がある。社会主義社会の核心勢力を正しく選定して前面に推し立てたとしても、自己の使命と役割を全うするよう育成強心に力を注がなければ、その集団は社会の先導的役割をきちんと遂行することが出来ない。

過去、社会主義の国造りに失敗した国がこれを証明している。これらの国の党は、労働者階級を革命の核心部隊にすえ、これに依拠して政治を実施した。しかしこれらの国では、労働者階級を革命の主勢力としてしっかり育て上げることにも失敗した。

労働者階級が労働者階級としての指導的役割を全うするためには、政治思想的に自己を武装しなければならない。そのためには労働者階級が社会主義に対する揺るぎない信念と高尚な革命性と堅剛な反帝闘争精神を身につけなければならない。

しかしソ連と東欧共産圏の党は、社会主義の国家建設を社会の財富を増加させる経済的側面からのみ捉えて、労働者階級の革命性と階級性を養う思想教育を疎かにした。

フルシチョフは「我々は労働者の個人的そして金銭的関心を生産に導入するのが生産性向上のもっとも重要な条件になることを肝に銘じ、この原則を徹底して実施すべきである。」と主張し、労働者階級を金銭のみに関心を持つ利己的な存在につくり変え、「平和共存」を提唱しながら人々の反帝思想をマヒさせた。

ゴルバチョフは西側諸国との「パートナーシップ」、「敵味方概念の消滅」、「冷戦の終焉」、「全人類的な価値の優位論」などを説きながら階級闘争を全面否定し、人々の頭の中に西側資本主義制度に対する幻想を植え付けた。

この結果、ソ連と東欧の共産圏では、労働者階級が思想面で武装解除し、社会の核心的な構成員としての責任と役割を果たせなくなり、挙句の果てはストライキや怠業や反社会主義デモを起こしたのである。このような事実は、社会の核心勢力を選定して前面に押し立てただけで、彼らに対する実質的な精神教育を怠れば、社会主義国家の運命は非常に危うくなることを教えている。

ソ連と東欧共産圏の党は、古典を教条的に受け入れて労働者階級を核心勢力に据えるに止まり、彼らを政治的に間違った道に誘い入れるという政治的失策を犯した。と同時に、社会主義政治において軍が担っている役割の重要性を看過するという政治的誤謬も犯した。

結局これらの国の党は、労働者階級と軍の両方を掌握することに失敗して政治的地盤を失った状態で、労働者階級の党・社会主義国家の執権党だと自分自身に言い聞かせている内に滅びたのである。

社会主義政治を成功裏に行なうためには、社会の核心勢力を先ず正しく選定し、その勢力の拡大に力を傾けなければならない。

先軍政治が主張する社会の核心勢力・革命の主力軍は軍である。

軍を革命の大黒柱にすえて無敵の「銃と剣」でもって国家の安全と革命の戦果を死守し、さらに革命の主体を万全に編成して社会主義の国造り全般を革命的に戦闘的に遂行していくところに先軍政治の本質的特徴がある。

軍を精強化するということは、先軍政治のこのような本質的内容からにじみでる第一義的な要求なのである。

軍の精強化を優先し、そこに力を注ぐことによって、軍を政治思想的にも軍事技術的にも飛びぬけた強兵として育て上げることが出来、帝国主義勢力のどのような侵略や策動にもゆるがず、国家と民族の尊厳を固く守り通すことが出来るのである。

軍を精強化することは、社会主義の国家建設においても重要な意義を有する。それは軍が、社会主義の国家建設全般を担った当事者、国民に幸せをもたらす担当者としての役割も立派に果たすという内容を含んでいるからである。軍を精鋭化したとき、軍人の中から革命的軍人精神が生まれ、全社会的規模で革命的軍人精神を見習う運動が力強く展開され、ひいては社会主義建設において奇跡と革新が生み出されるのである。

金正日委員長は軍の強化が先軍政治を実現する上で重要な要求になると明らかにし、これに不眠不休で力を注いだ。

金正日委員長は北朝鮮が「苦難の行軍」を経ていた当時、軍に優先権を付与し全てをここに集中させることによって、北朝鮮の事情があれほど厳しかった時でさえ軍をして些細な弱体化もきたさないようにした。もしも「苦難の行軍」の時期に均等政策を執って軍事部門と一般社会部門に同一の力を傾けていたなら、両方共々まともに立て直すことも出来なかったはずである。

金正日委員長のこのような努力があったからこそ、北朝鮮人民軍は革命精神と戦闘力が強く規律正しい社会の核心勢力・革命の大黒柱・主力軍として育つことが出来たのである。

金正日委員長は軍を精強化する上で、軍が労働党の先軍政治を実践する旗手となり突撃隊となるよう多大な関心を寄せた。人民軍内でのすべての党務と党紀律を戦闘的に強化したのも、このような脈絡からであろう。

金正日委員長は軍事を除いた党務は意味が無く、党務をそっちのけにしての軍事的成果など考えられないとしながら、今も人民軍内での党務改善のために全力を注いでいるという。

今日、北朝鮮人民軍が思想の強兵・信念の強卒として威力を発揮しているのは、金正日委員長の正しい選択と賢明な指導の結果である。

三　防衛産業を重視する

先軍政治は防衛産業を重視する政治だという本質的な内容を含んでいる。

金正日委員長は「国防工業を重視し国防工業の発展に引き続き大きな力を入れなければなりません。」(『我が党の先軍政治は威力ある社会主義の政治方式である』単行本一一頁)と述べた。

軍と共に防衛産業を重視するのは、先軍政治における本質的な内容だ。先軍政治では軍を第一義的に重視し、防衛産業を優先視する。

先軍政治が軍事を先行させるということは、軍の精鋭化と防衛産業の現代化を重視することを意味する。防衛産業を優先的に重視するというのは、防衛産業を経済の中枢にすえ、防衛産業の絶え間ない発展に最大の力を傾けることを意味する。防衛産業を重視するのは国事の中の最重要国務であり、富国強兵の国家建設の生命線である。このような意味から先軍政治は、常時防衛産業を中心にすえて社会主義経済を経営し、経営上のすべての問題をこれに服従させて解いていく政治であると言える。

金正日委員長の「我々はあめ玉が無くとも生きられるが、鉄砲玉なしには生きられない。」(『偉大な指導者金正日同志名言集』・『先軍政治』四四頁)という言葉には、防衛産業を優先的に重視する先軍政治の本質的な特徴が良く表われている。

防衛産業を重視することが先軍政治の本質的内容となるのは、防衛産業が自衛的な軍事力を築く上で物的保障となるからである。

軍人と軍備は自衛的な軍事力の重要な構成要素である。人が使わない軍備など全く意味をなさないが、丸腰の軍人など想像することさえ出来ない。

軍事力を増強するということは、軍人の政治思想的水準と軍事技術的資質を高めると共に、武器と戦闘装備を常に最新鋭化させる過程を意味する。

防衛産業は軍備と戦闘機材を生産し補給する役目を担っている。したがって国家と民族が自国の防衛産業を育成し絶え間なく発展させてはじめて、自国が置かれた具体的な実情や現代戦の要求に合わせて武器と軍需品を生産し、軍と国民をしっかり武装させることによって軍事力の万全を期することが出来るのである。

防衛産業を外国に依存した場合、自国の実情に見合った武器や装備を必要な時に必要な量だけ入手するのが難しく、仮に調ったとしても保有兵器の秘密を保つことが出来ない。

ましてや少なからぬ国が武器を金儲けの手段とし、政治的な罠として使っている現今の実情の下では、自立的かつ現代的な防衛産業を育成せずには自衛の武力を調えることがままならず、全国民による全国的な防衛体系を打ち立てることも出来ない。

したがって自主を志向する国と民族は、経済的に厳しい局面に置かれることがあろうとも、防衛産業の発展を優先させるべきである。

防衛産業を重視するのは有事に際して適切に対処するためである。平常時から防衛産業に大きな比重を置いてこそ、国の軍事力発展に必要な軍備と武器を数量的にも充分に生産補給し、一旦事が起きた場合には必要なだけの戦時需要を自力で円滑に充足することが出来る。

戦争の勝敗は、戦争遂行に必要な軍事物資を正常に補給することが出来るのか否かに大きくかかっている。ましてや現代戦は、過去の戦争とは比べものにならないほどの膨大な量の武器と装備が動員されている。

このことは現代戦の勝敗を分ける上で重要な役割をする弾薬一つを取ってみても良く分かる。第二次世界大戦の時、一般兵種の野戦軍が攻撃作戦を開始した時に消費した弾薬が一日平均一二〇〇トンであったとするならば、現代の戦争では一日四〇〇〇トンの弾薬を消費していると推算されている。

第三次中東戦争でシリア軍がイスラエル軍に反撃を加えた時、ある一個師団は一五〇〇門の砲で五五分間に砲兵の準備射撃だけに約一〇万五千発の砲弾を放ったと言う。アメリカは第一次湾岸戦争の四三日間に、太平洋戦争の一四ヶ月間に出動させた航空機の一一倍に及ぶ航空機を動員し、ベトナム戦の九年間に投下した爆弾の一・五倍に達する八万八五〇〇トンの各種爆弾を投下した（図書「主体革命偉業の偉大な指導者金正日同志」三巻七八～七九頁）。

金正日委員長は世界戦争史のこのような事実に対する分析に基づいて、現代戦において重要なのは弾薬を円滑に補給することだ、以前は武器が発達していなかったから銃や大砲を一発ずつ撃ったが、今はありったけ撃つようになっている、そして現代戦においてはどちらが弾薬をより多く補給するかに勝敗が左右されるとしながら、現代戦は「弾戦争」でもあるとの科学的結論を下した。

弾薬をはじめ現代戦が必要とする膨大な量の軍需物資を正常に補給するためには、力強い防衛産業の育成に自力で最大の投資をしなければならない。

平和な時期だからと言って防衛産業に対する投資を怠るならば、戦時に前線で必要とする武器と戦闘装備を長期にわたって充分補給することが出来なくなり、敗北の憂き目を見ることになる。

したがって防衛産業を重視してここに投資を最優先させ、国家防衛に必要な全ての武器と軍需物資を円滑に生産補給することが出来るよう、多方面的かつ総合的な軍需生産システムを完備させなければならない。

防衛産業を重視するということは、軍需生産を円滑に保障すると共に、防衛産業の最新鋭化を実現させて武器や武装の技術レベルを引き上げることを意味する。

科学と技術の時代、情報産業化の時代である今日、ハイテクが集約された戦闘機材が現代戦に多く使われるようになった。特に帝国主義勢力がハイテク兵器で他国を威嚇し攻撃を加えている状況の下では、ハイテク兵器と戦闘装備を製作することが益々重要になってきた。

アメリカは訓練の行き届いた軍人とハイテクを取り入れた兵器の結合が現代戦における革新になるとしながら、アフガン戦争を二一世紀の「アメリカ式戦争」の見本になると自慢した。

アメリカの軍事関係者らは、アフガン戦争の他に見られない特徴は、訓練が行き届きかつハイテクを取り入れた兵器で武装した特殊部隊を現地に浸透させる戦術で制空権を掌握し地上作戦を支援するという、通常戦争の形式を現実の状況に合わせて変化発展させた所にあると指摘した。

この戦争で米軍特殊部隊員は「二一世紀の個人装備類」に属する新型装備に関する実戦試験も行なったと言う。実例としてファイバーは赤外線カメラと共に戦闘員同士は言うに及ばず司令部と直接情報交換が出来る通信設備が設置されたものであり、M―一四自動カービン銃は人体が発する熱を感知する装置と敵味方の識別機、レーダー距離測定器、ビデオ伝送装置がついていたと言う。

米軍はこの戦争に特殊部隊を派遣したが、打撃目標を確定して空中打撃を誘導することをこの部隊の基本任務とした。この戦闘任務を遂行するために米軍特殊部隊は、高性能ビデオカメラ、GPSとリンクしたレーダー距離測定器つきの超小型コンピューター、司令部と直接情報交換の出来る超小型通信機材を使った。米軍特殊部隊員はこれらのハイテク装備を身に付けて目標物に接近し、レーダー距離測定器で位置を判定した後、無線を通じて飛行隊を呼び出した。呼び出しを受けた飛行隊は、特殊部隊員が指摘した目標物に誘導弾を投下した。

空襲する場合も、限られた数の戦闘機で精密誘導爆撃を主とした空襲方式をとった。米軍は精密誘導爆撃を湾岸戦争では投下した総爆弾数の一〇％、ユーゴ戦争では三〇％、アフガン戦争では六〇％用いた。

電子戦も新たな情報戦の様相に適合した独特な形式で行なわれた。

今まで行なった戦争で米軍が駆使した電子戦は、相手側の監視と通信を制圧する目的で強力な妨害電波を出し、相手側の無線装備（電波探知機、無線機）の起動を抑圧する方法で行なわれた。

しかしアフガン戦争ではタリバン軍に対する妨害電波を全く出さず、空母から発したEA—六Bを使って空中からタリバン側の電波をすべて受信盗聴し、タリバン軍とアルカイダの行動に関する情報を収集した後、これを逆利用したのである。この戦術は今まで見ることが出来なかった特殊な形式の電子戦であった。

米軍は最近のイラク戦争においてもハイテク兵器を大々的に用いた。米軍は一九九一年の湾岸戦争以後の一二年間に新たに開発した武器をこのたびのイラク戦争で多く使用した。これらの武器の中には電子爆弾、受感信管爆弾、生化学因子破壊爆弾、レーザー兵器、デジタル装甲車などがある。

電子爆弾は米軍が開発したハイテク兵器の内の一つである。この爆弾は爆発する瞬間に電磁波を発生させ

第一章　先軍政治とは何か

るのだが、これが稲妻のような作用を起して、一つの都市地域にあるテレビやコンピューターが完全に無用の長物と化するという。

電子装置の回路と配線はアンテナと同じ作用をするので、電子爆弾によって大気中に放出された目には見えない電磁波を受け入れる。電子装置がこの電磁波の影響を受けた場合、エネルギー過剰から一時的に自己機能を喪失するかそれとも過負荷により完全に破壊される。巡航ミサイルに装着されたこの電子爆弾は、マイクロ波にして数百万ワットにあたる電気エネルギーを放出し、コンピューターやラジオや電話機は言うまでも無く、LSIや電気回路や配線が入っているほとんど全ての装置を破壊する。

受感信管破壊爆弾は、一般的に地下坑道の奥深い所に保管されている生化学因子の貯蔵施設に打撃を加えるが、致死性の因子が大気中に放出しないように開発された一種の浸透爆弾である。アメリカが定かでない疑わしい生化学兵器の貯蔵施設に関する情報を入手すると、この爆弾でこれらの施設に打撃を加える。

生化学因子破壊爆弾は、主に高空から相手側の戦車を破壊するのに使われるのだが、この爆弾を戦車が集結している地域に投下すれば落下傘につるされた幾つかの小型爆弾に分離しながら落下する。三〇個の受感信管爆弾を搭載した航空機一機で、三〇エイカーの面積に広がる輸送機材を爆破するという。

レーザー兵器は敵軍の目を見えなくするとか兵器の標準鏡を無力化するように設計されている。人権団体である「ヒューマンライツウォッチ」は、レーザー兵器が無慈悲で有害な兵器であるとして、この兵器の使用を禁ずることがあった。

デジタル装甲車は乗組員らが自分の位置を正確に認知し、地形全般の監視と目標物の調査確定および火力を統制することが出来るようにコンピューター化された地図作成システムが装備されている。すでにイラクに展開させている米軍を増強するためペルシャ湾地域に派遣された米陸軍第四歩兵師団が、米軍の最初のデジタル装甲師団と言われている。

世界制覇を夢見る帝国主義侵略勢力が、人類が達成した最新の科学技術を侵略手段に悪用しているのは、人類にとって大きな脅威となっている。帝国主義勢力の軍備ハイテク化に対処するためには、自主を志向する国々も自衛的武装力のハイテク化に力を入れなければならない。

全地球的な規模で現代的な軍事科学と軍事技術が急速に発達している現代と、最新兵器と軍事装備が大々的に動員されている現代戦の要求に合わせて、革命軍の威力を強化し侵略者を殲滅するためには最先端技術を導入した戦闘装備を製作しなければならない。これは防衛産業の現代化によって成し遂げられる。

各種の兵器と戦闘装備を質量共に円滑に生産補給することが出来る自立的かつ現代的な防衛産業を築くためにも、防衛産業に対する投資を増額すべきである。

事実、防衛産業は資材と資金と時間を最大限に費やす部門である。一九八二年に起きたフォークランド戦争のとき、四八二〇トン級のイギリス駆逐艦「シェフィルド号」を撃沈させたアルゼンチンのクルーズミサイル「エクゾゼ」(フランス製)一基の値段は二〇万ドルだった。そして沈没したイギリス駆逐艦の建造費はなんと二億五千万ドルであった(図書「軍事の英才金正日将軍」二一八〜二一九頁)。この事実からも、ハイテク兵器を自力で作り武装することがどれほど難しく膨大な事業であるのかが分かる。

今日世界の多くの国が先進的な防衛産業を構築しようにも出来ない重要な原因の一つが資金にある。

まして小さな国や発展途上国が多様な種類と膨大な数量の武器と装備を自己の技術と資材と資金で生産補給することは、正に並大抵なことではない。だからと言って防衛産業に対する膨大な投資を怠ったり、他の産業部門なみに均等に扱うならば、けっして防衛産業を発達させることは出来ない。防衛産業の発展を国の運命に関わる問題と認識し、これに大きな力を傾けるとき、自衛の防衛力を育成することが出来るのである。

防衛産業に対する投資の増額は、アメリカの軍備拡張と武力増強が引き続き拡大している状況の下では、一層重要な問題として持ち上がる。

アメリカのブッシュ行政府は、二〇〇三年度の国防予算を二〇年来の最高額である三七九〇億ドルに策定し、二〇〇七年度にはこれを四五〇〇億ドルに引き上げる計画だと言う。このような情勢から防衛産業をハイテク化する問題は、民族の生死運命に関わる深刻な問題として浮かび上がる。

金正日委員長は防衛産業を国と民族の生死存亡に関わる重要な問題と見なして、どんなに厳しく困難な状況の下でも防衛産業の発展に最大の力を傾けている。

金正日委員長はいかに状況が厳しくとも防衛産業部門に必要な資金と資材と最新の機械設備は言うまでも無く、有能な科学者と技術者までもこの部門に優先的に配置している。国の全般的経済発展計画を立てる時、資金を平均的に振り分けず防衛産業部門に優先的に投資し、絶えず増額しなければならない。

防衛産業を重視することが先軍政治の本質的内容となるのは、次に、防衛産業の発達が国力全般の強化につながるからである。

国力強化の目標は富国強兵の国家建設にある。富国強兵の国を築くということは、政治、経済、軍事、文化、科学などの面で発達した国を造ることを意味する。防衛産業は直接的には軍事分野に寄与するが、政治、経済、文化、科学などの面でも肯定的な役割を果たす。

防衛産業は現代工業の精髄であり集合体でもあるので、防衛産業の発展は国の工業全般の発展を力強く促す。防衛産業を発展させれば工業生産の潜在力が拡大するが、これは経済発展を成し遂げる上でハードとソフトの両面からも大きな土台となる。

防衛産業はハイテクの集大成である。したがって防衛産業の発展は産業全般をハイテク化する上で大きく寄与する。

防衛産業は革命に忠実な労働者階級によって管理運営される。防衛産業部門の労働者階級は、他のどの部門の労働者階級よりも革命に忠実で闘志が旺盛な集団である。金正日委員長は、防衛産業部門の労働者階級は最も先進的な労働者階級であり人民軍と同じであると述べた。

今日、北朝鮮の革命的軍人精神と防衛産業部門で働く労働者階級の闘争精神は、先軍時代を代表する革命的な精神と認められている。

北朝鮮はすでに「政治思想の強国」および「軍事強国」の地位に上った。これから達成すべき主な目標は「経済強国」の地位に上ることである。

防衛産業が「経済強国」を築く上で大きな役割を果たすのは、北朝鮮経済が防衛産業を中心にして構成されている経済システムになっていることと関わっている。

北朝鮮経済がこのような特殊性を有しているので、民需産業の価値ある成果と科学技術は軍需部門に転用され、軍需部門の有益な成果は民需産業でも有益に利用される。防衛産業は多種多様な戦闘装備と軍需物資の生産を包括している。言い直すならば、防衛産業は重工業、軽工業、農業分野ともつながっているのである。

防衛産業と民需部門の密接な協調は世界的な趨勢でもある。

現代戦に対処して改良が加えられている偽装手段の一つである偽装ネット一つをとってみても分かる。最近多くの国で「発見されると言うことは撃破されることを意味し、撃破されると言うことは死を意味する」としながら、より現代的な偽装手段を開発導入しているが、その過程で作られた各種の偽装手段の中には、偽装ネットがあった。

第二次世界大戦以降一九七〇年代のはじめまで、主に綿糸で製作された偽装ネットが多く使われたが、これは当時肉眼を欺く偽装を主な目的としていたからである。

しかしこの偽装ネットは衛星とか超高度偵察機などが出す赤外線および電磁波によって発見されやすく、重くてしかも湿気を吸うとすぐに使えなくなる欠点を有していた。

最近では赤外線、可視光線、熱赤外線、電磁波などに対応出来る偽装ネットが開発されている。新たに開発された偽装ネットは、広いスペクトル帯域で作動する赤外線および電磁波信号を吸収もしくは散乱させる性質が強いポリエステルと塩化ビニールを混ぜたナイロンの紐と色々な合成繊維を配合して作られているので、偽装能力が優れているのみならず軽くて丈夫で使いやすい。

これらの軍事目的に開発された技術は、民需産業にも応用できる。このことは、軍事用の偽装ネットの発達が合成化学とその資材を使った紡績産業の発展を促していることを示している。

したがって防衛産業に対する投資を増やしてこそ、この分野の生産の礎がしっかりと築かれて科学技術が発展することになる。こうして民需産業は勿論、経済全般が短い期間に高度に発達し、ひいては国の競争力が高まるのである。

今日アメリカと反動らが北朝鮮の「ミサイル脅威」問題を持ち出してきた理由は、北朝鮮に対する政治外交的な孤立と軍事的圧迫を実現させることだけにあるのではない。それは「強盛大国」を打ち建てようとする北朝鮮国民の経済建設をさえぎろうとするところにもがある。

今アメリカとその追従勢力は、北朝鮮のもっとも大きなハンディキャップは経済にあると見なしている。この線に沿って「一九九三年崩壊説」、「一九九六年崩壊説」、「一九九八年崩壊説」を流しながら、北朝鮮は経済問題で遠からず崩壊するであろうと見ていた。にも関わらず、北朝鮮の労働党と軍と国民が、あらゆる試練と難関を乗り越えて「強盛大国」を打ち建てるという、より高い目標を掲げて全力疾走しだすや、アメリカとその追従勢力はその重要な秘訣の一つが北朝鮮の防衛産業にあるとの結論を出すに至った。

彼らは北朝鮮が以前から防衛産業に膨大な投資を行なっていたので、民需産業は競争力が弱いが防衛産業は世界に通用する競争力を有しており、北朝鮮の防衛産業、特にミサイル製作部門が存在する限りこの国の経済が死滅することは絶対に無いと悟るようになった。

アメリカは北朝鮮の防衛産業ことにミサイル製作部門を抹殺せずには、自国が受けている安保威嚇を取り除くことも、ひいては北朝鮮を「改革」や「開放」へと導くことも出来ないと打算している。

北朝鮮は金正日委員長の先軍政治の下で厳しかった「苦難の行軍」に歯を食いしばって頑張り、防衛産業の発展を優先させることによって国家の軍事的威力を八方手を尽くして強化し、帝国主義勢力の悪辣な経済封鎖の最中に経済全般を速いスピードで発展させることが出来、北朝鮮の現実は、防衛産業に優先的な力を注ぐ先軍政治こそが富国強兵の国家造りを推し進める上で、またとない保障になることをはっきりと示している。

防衛産業を重視する先軍政治は、防衛産業が中枢を占めている北朝鮮の独特な経済構造を徹底して固守し、絶え間なく発展させる上で最も適した政治方式である。

北朝鮮の経済構造は、防衛産業を中枢にすえて経済の全ての部門が有機的に結合している独特なものだ。北朝鮮経済においてもっとも重要な位置を占めているのが防衛産業である。

防衛産業を中枢においた北朝鮮の独特な経済構造は、金日成主席の「先軍革命指導」の輝かしい結実である。金日成主席は早くから「銃と剣重視」と「軍事重視」思想を打ち出して、国が分断しアメリカと直接対峙している北朝鮮の状況にあわせて防衛産業の発展に大きな力を傾け、民需部門と軍需部門を併進させる路線を推し進めて防衛産業の揺るぎない基盤を築いた。このようにしてハイテク化した防衛産業が経済全般で重要な位置を占める北朝鮮の独特な経済構造が築かれたのである。

防衛産業を中心にした北朝鮮式の経済構造は、今日の厳しい情勢の下でも国の国防力強化を確実に保障し、経済全般の発展を力強く支える貴重な土台となっている。したがって今日、防衛産業に膨大な投資をするということは、取りも直さず防衛産業を国の生命線とみなし、防衛産業を中枢においた北朝鮮式の経済構造を守り抜くのみならずより一層発展させることを意味する。一九九〇年代後半の「苦難の行軍」時の経験は、防衛産業は困難な時ほど力を発揮することを示している。

労働党は「苦難の行軍」時期に軍を重視し防衛産業が軍をしっかりと支えるようにした。もしあの時、防衛産業までが息の根を止めたならば、敵の孤立圧迫策動に耐えられなかったであろう。前方には軍が陣をはり、後方では防衛産業が稼動していたので、北朝鮮が「苦難の行軍」を乗り切ることが出来たといえる。他でもないこれが、先軍政治のバイタリティーなのである。

先軍政治は軍事を先行させる政治なので、防衛産業はどの経済部門よりも重要視され、この過程で防衛産業を中枢にした北朝鮮式の独特な経済構造が益々発展するのは疑いない。

(二) 人民軍を革命の大黒柱にすえる政治

先軍政治の本質的側面の今ひとつは、人民軍を革命の大黒柱にすえてそれを拠りどころに社会主義の国家建設を力強く推し進めていく政治方式であるというところにある。

金正日委員長は「我が党は、時代の発展と変化した社会階級関係を深く分析した上で、革命運動史上初めてとなる先軍後労の思想を打ち出して、人民軍を革命の核心部隊、主力軍にすえました。」(「金正日選集」一五巻三五六頁) と述べた。

政治方式の進歩性と科学性と生活力は、その政治が拠りどころにしている柱が何であるかによって大きく左右される。

社会を発展させる上で政治は決定的な役割を果たす。だからと言って、全ての政治方式がみな社会発展に決定的な役割を果たすというわけではない。政治方式が社会発展において進歩的な性格を帯びながら決定的な役割を果たそうとするならば、最も進歩的かつ革命的な社会政治集団を社会発展の柱に、政治の主力軍に据えなければならない。

政治は階級または社会共同の利益に適うように社会の発展方向を指し示し、その方向へと社会の構成員をみな組織動員し、統一的に指揮する。

社会の構成員はただ一人の例外も無くみな一定の社会集団に属して社会生活を営んでいる。それがどのような政治であれ政治とは、社会に存在する幾つかの集団の中からある一つの社会集団をもっとも重要な政治勢力として選出し、これに依拠して階級または社会集団の利益に合わせて社会を発展させていく。したがって社会で柱にすえる社会政治勢力の進歩性と革命性の程度によって、政治方式の進歩性と革命性と生命力が決まる。

政治の柱となる社会政治勢力は、社会に存在している社会集団の中から選ばれるのだが、それは主観的な要因によって選定されるものではなく、必然的根拠を背景に選ばれるべくして選ばれるのである。

社会のどの階級や階層または社会集団を政治の柱に据えるのかという問題は、その集団が革命と国家建設において占める地位と役割の重要性と革命性の程度によって決まる。革命の運命を決する第一生命線を守っている集団、および最も革命的で戦闘的な気質を持った集団が、政治の中枢として選ばれるのである。

今まで社会主義の国造りに取り組んできた幾つかの国は、一五〇余年前に歴史舞台に登場した社会主義革命理論を教条的に適用して、労働者階級を先鋒にして革命と国家建設を推し進めてきた。

過去の社会主義運動において違えることの出来ない指導的指針であったマルクス主義は、唯物史観に基づいた階級関係の見地から革命の主力部隊を考察したので、労働者階級が革命の核心勢力になるとの結論を出した。当時としては正しい結論であった。

しかし二一世紀に入った今日の現実から見て、一九世紀に世に出たマルクス主義に制約が無かろうはずが無い。革命の主力部隊・柱に関する問題でマルクス主義の革命理論が露呈せざるを得なかった制約は、経済的立場と労働条件を中心にして分析した結果、労働者階級を最も革命的かつ組織された階級であると見なした点、人類史は取りも直さず階級闘争の歴史であるのでこの階級闘争を率いる階級は労働者階級をおいて他に無いと見なした点、労働者階級の革新的な役割の問題を革命の第一生命との関連の中に見出すことが出来なかった点などにある。

革命の主力軍に関する問題は、いつの時代のどの社会のどのような革命においても固定不変なものとはなり得ず、また階級問題の見地からのみ答えが引き出されるものでもない。

唯物史観という物指し、産業資本主義時代や独占資本主義時代の背景に対する分析が、新たな時代、新たな世紀の状況の下でも革命の主力軍に関する問題の答えを引き出す基準になり得るはずが無い。

主体思想が時勢の主流となり、反帝軍事戦線が第一生命線として浮かび上がった今日の時代背景は、革命の柱に関する問題を新しい観点から解決することを切実に求めている。時代が変遷した今日に至るまで、労働者階級を社会主義政治の中枢として革命の主力部隊に据えるならば、社会主義偉業をまっすぐに推し進めることは出来ず、すでに奪取した革命の戦果も守り通すことが出来ない。

今日の社会主義政治の柱、革命の主力軍に関する問題に完璧な答えを与えた政治方式は他でもない先軍政治である。

先軍政治は労働者階級ではなく軍を革命の大黒柱にすえて、これを拠りどころに社会主義の国家建設を推し進めていく新しい政治方式である。ここに先軍政治がもつ本質的内容の一つの側面がある。

先軍政治が軍を革命の大黒柱に据えた新しい政治方式であるということを深く理解するためには、軍のみが有している特異な革命的気質についてしっかりと把握しておく必要がある。

先軍政治が軍を革命の大黒柱に据えることになるのは、軍が特出した革命的気質を有していることと関わっている。

軍は社会の一般集団とは区別される自己に固有の特質・気質を持っている。軍の気質とは、軍人としての自己の戦闘任務や軍事活動を戦闘的に、気迫に溢れて遂行するようにする、軍人に固有な政治思想的および軍事的特質を言う。

革命軍は「領袖決死擁護」の精神を核にした政治思想的特質を身につけており、資質と機能の面から見てもそれに固有の軍事的資質と戦闘的機能を持つ。これらの諸要素が有機的に結合して革命軍の軍人に固有な特質が形成されるのだが、これが革命軍の軍人らの気質となる。

革命軍の気質は、他の社会集団に固有な気質とは比べものにならないほど革命的かつ戦闘的であり、威力ある気質である。革命軍は、党と領袖を「決死擁護」して党の政策を死を賭して貫徹せんとする精神が、祖国を愛し社会主義制度を守護し帝国主義勢力と敵対階級を憎悪してこれらを相手にした戦いでは妥協を許さない革命精神が、社会のどの構成員より強く透徹している。革命的信念と意志、組織力と紀律、団結力が最も強い集団が他でもなく軍なのである。

「領袖決死擁護」の精神、「決死貫徹」の精神、「社会主義守護」の精神および祖国愛、革命的信念と意志、組織力と紀律、団結力、敵に対する敵愾心などは他の社会の構成員らにも見られるが、その強度と威力および生命力においては革命軍にはとうてい及ばない。

革命軍が有するこのような戦闘的気質は、革命軍全般の内に見られる普遍的気質ではない。金正日委員長の指導の下、思想と信念の強兵として育成された朝鮮人民軍においてのみ見られる特異な気質なのである。

人民軍軍人らの思想精神的特質を物語る数多くの感動的事実は、人民軍の革命的気質に関する明白な証となる。ある戦艦の水兵らが海上に出て長期間の戦闘任務に就く軍令を受けた時の話である。彼らは戦闘任務につく前に、海上に出ても病気のために任務遂行に支障をきたすことが無いようにと事前に盲腸の手術を受けることにした。これは勿論自己の戦闘任務を立派に遂行するための美しくも高潔な決心であったが、何とも無い腹を切開して盲腸を取り出すということは、軍医としてもおいそれと勇断を下しかねないことであった。軍医と看護婦らが彼らの崇高な精神に感動しながらも敢えて決心を下しかねていた時に、手術用のベッドに横たわった一兵卒は次のように言った。「軍医同志、偉大な領袖と敬愛する最高司令官同志のためならば、この心臓さえもためらうこと無く奉げる僕らではありませんか。どうか躊躇せずにメスを執ってください。」。

生死を分かつ決戦の場でもなく、今日のような平凡な日々に党と領袖から任された自分の持ち場を守るために、自分の体に自らすすんでメスを入れさせたこの涙ぐましい事実は、党と領袖のためなら一命を投げ出すことがあろうとも闘うという潔くも堅剛な革命的気質を持った北朝鮮人民軍軍人をさしおいて、他の何処の誰が発揮することが出来るであろうか。

今日の北朝鮮人民軍は、すべての軍人が革命軍としての本分と任務を全うせんとする固い覚悟と剛毅な意志、堅固な闘争気質を身につけ、革命の大黒柱として金正日国防委員長の先軍政治を心から支持し実践している。人民軍のこの戦闘的気質は、帝国主義勢力を圧倒する政治思想的要因となっている。

いつだったか東海のある海域で北朝鮮の海軍艦船が米海軍の巡洋艦と不意に遭遇したことがあった。北朝鮮の海軍艦船はせいぜい数百トン級の小型艦船であったが、米海軍の巡洋艦は最先端の兵器で装備された数万トン級の大型艦船であった。米海軍の巡洋艦は兵員数と武装兵器の優勢をバックに、北朝鮮の海軍艦船におとなしく航路を譲らなければミサイル攻撃を加えると脅しをかけた。

しかし革命的信念と剛毅な戦闘精神を身につけた北朝鮮海軍は断乎として答えた。「絶対に航路は譲れない。貴様らが撃てば我らも撃つ。」。そして北朝鮮の海軍艦船は米海軍の巡洋艦に砲口を向けて真っ向から進んでいった。結果、米海軍の巡洋艦は北朝鮮海軍の小型艦船にしっぽを巻いた。

これは兵員数と武装の上で優勢な米海軍を相手に、政治思想的優勢で圧倒して勝った銃声の無い戦いであり、敵軍が誰であろうとも恐れずに大胆に突撃する戦闘気質が生んだ結実であった。

人民軍の戦闘気質は人民軍をして革命の大黒柱にすえる要因である。

革命軍は一般的に言って、活動の内容と形式および組織形式と存在方式の面で社会の他の集団とは異なる固有の特性を持っている。革命軍は国民の自主偉業の遂行を軍事的に保障するために武装した特殊な社会集団である。言うまでもなく軍は戦闘活動を基本とする集団である。軍の基本活動である戦闘活動は、労働や学習や科学探求などのような社会の他の集団が行なう活動とは根本的に異なる。労働や学習や科学探求などは人々が、自分の汗と努力と知恵と才能で社会の物的な財富を作り出し科学の高嶺を占領する活動ではあるが、戦闘活動は兵士が自分の命を担保にして党と領袖、祖国と社会主義制度、国民を保護する死を賭した対決である。それゆえ戦闘活動は激烈さと辛苦を伴い、犠牲を強いるという点で特徴づけられる。

革命軍はその組織形式と存在方式においても社会の他の集団と区別される。

革命軍は自己が遂行する使命と任務の重要さから整然と編成された組織体系を持ち、強い組織的結束力と厳しい規律によって存在と活動が保障される。事実上、軍のような組織体系を持った集団は社会に無く、軍のように強い組織的結束力と厳しい規律を求める集団も社会には皆無である。

このように革命軍は活動の内容と性格において、組織形式と存在方式において他の社会集団とは異なる固有な特徴を有している。このような特性を有するからこそ、革命軍が社会の他の集団とは異なり革命において支柱と成り得るのである。

革命軍が革命の大黒柱に据えられるのは、革命軍が身につけている崇高な精神道徳とも関わっている。

革命戦士の生は領袖のためにあり、革命戦士の命は領袖のためのものである、と彼らは考えている。軍人らが、革命戦士の自己の生命に対するこのような見解を会得した時、革命軍に特有な革命気質を発揮することになる。党と領袖を「決死擁護」するために自分の全てをためらいも無く捧げる犠牲精神が生まれるからである。

革命軍は、軍人にとって名誉とは何であるのかに対する正しい観点に基づいた思想の強兵である。

革命軍の兵士らは、党と領袖の命令を決死の覚悟で貫徹するところに革命戦士としての名誉がある、という観点に立つ。これは革命軍の兵士が身につけている気質を形成する感情や情緒の礎が何なのかということを明らかにしている。革命軍人の軍務に対する誠実さ、強い責任感と献身的な姿勢は、名誉に対する正しい観点に基づいている。

軍人にとって名誉は、党と領袖の命令を徹底して貫徹するところにある。党と領袖の命令には国民の自主的な要求と利害関係が反映されており、革命偉業を勝利に導く課題と対策が織り込まれている。党と領袖の命令を貫徹する過程が取りも直さず党と領袖そして国民に忠実な道であり、祖国と国民を守る道であり、革命に献身する道でもある。

したがって軍人にとって党と領袖の命令を決死貫徹することよりも大きな矜持とやり甲斐そして幸せはない。軍人の名誉が党と領袖の命令を貫徹するところにあるという自覚は軍人をして、強い責任感と献身性を持たせ、無比の勇敢さと犠牲精神を発揮して、命令を絶対かつ無条件に貫徹するようにする。
革命軍は革命戦士の革命的な義理に対する正しい自覚に基づいている道徳義理の強兵である。
革命戦士の革命的な義理は党と領袖の恩恵に真心から報いようとする崇高な自覚である。革命軍が革命的な義理に対する正しい自覚に基づいているということは、革命軍の兵士らが身につけている革命的気質の道徳義理の礎が何であるかを明らかにしている。軍人の義理とは、党と領袖の恩に忠誠をもって報いることである。

領袖は将兵に最も高貴な社会政治生命を授け、彼らを党と革命、祖国と国民を守る栄えある持ち場・哨所に配置する。加えて彼らに絶対的な信任と深い愛情を注ぎ、一人残らずみな最も戦闘的かつ創造的存在として育て上げる。

北朝鮮で空のフェニックスと呼ばれているキルヨンジョ英雄が発揮した崇高な犠牲精神は、このことを良く物語っている。一九九二年一二月二三日の午後二時三〇分ごろであった。飛行訓練を成功裏に終えて着陸しようとしたキルヨンジョ操縦の航空機から、爆発直前の予期せぬ事故が発生した。航空機が火を噴くや管制塔と編隊長から脱出命令が出された。決心さえつけば〇・五秒の間にパラシュートで脱出することが出来る。しかしキルヨンジョは八回にわたる脱出命令にもかかわらず脱出しなかった。脱出すれば自分一人は生き長らえても、北朝鮮革命の首脳部の安全を損なう恐れがあったからだ。結局彼は超人的な精神を発揮して機首を東海の沖の方に向けた。

後日金正日国防委員長は、私は現場でキルヨンジョ英雄の犠牲的行為を見守りながら彼を英雄だと称えたとしながら、キルヨンジョ英雄が発揮した高潔さと犠牲精神とヒロイズムはすべての将官と幹部らが、見習うべき精神道徳のカガミであると感激に震えながら述べた（図書「軍事の英才金正日将軍」労働党出版社一九九七年三八一～三八二頁）。

このように全軍人の思想精神を貫通している透徹した「領袖決死擁護」の精神は、最も崇高な道徳理義が生んだ自覚的な誇り得る思想感情なのである。

率直に言って一身を何らのためらいもなく投げ出すということは、口で言うほどやさしいものではない。それはとうてい誰かに強要されたとか命令を受けたからと言ってなせる業ではない。領袖から授かった慈しみと信頼の情愛があまりにも深く、その恩に心身を捧げて報いようとする崇高な道徳義理を自覚する時のみ、このような透徹した犠牲精神を発揮することが出来るのである。

革命軍兵士の気質は、搾取社会の兵士らが持っている気質とは根本的に異なる革命的な気質である。

搾取社会では兵士らを無条件に従順にさせ、彼らを侵略目的を達成するためのスケープゴートとして駆り出しているにすぎない。搾取階級の軍事家は、いわゆる「軍人かたぎ」という名目の下に精神力を鼓吹するが、それは彼らの侵略性と野蛮さを正当化し合理化するための反国民的なもので、一種の思想精神的なカモフラージュに過ぎない。

ヒトラーは兵士らに「諸君らには心臓も神経もない。戦争においてそれらは必要としない。慈悲と同情の心は捨てろ。」と野獣の野蛮さと残忍さを鼓吹した。米軍で初入隊した兵士らに与えるマガジンの第一ページには「諸君らは無慈悲で手馴れた殺人者となれ。」と書かれており「兵士とは何か」という本には「合衆国は諸君らのために三万ドルを費やしている。・・・諸君らは諸君らに付与された人を殺す任務によってこれを補償することが出来る。」と書かれている（図書「親愛なる指導者金正日同志が明示した高潔な闘争精神に関する思想」一三四頁)。これは搾取社会の軍においては本当の意味での戦闘気質など有り得ず、有るとするならば、それは人間の健全な思想精神的気質をそっちのけにした、野蛮な気質のみが横行していることを物語っている。

国民の自主性を実現するために武器を手にした革命軍の兵士だけが、党と領袖との関係、祖国と社会主義制度との関係、自らが属する集団と革命同志との関係において発揮する軍人気質を全面的に身につけることが出来るのである。

革命軍の気質は、搾取社会の軍人が身につける気質とは根本的に異なるのみならず、社会の他の構成員のそれより一層威力ある戦闘的な気質なのである。

こうして見ると、社会で最も革命的かつ戦闘的な政治勢力を柱にすえて、これを拠りどころに社会を発展させる使命を担った社会主義政治が、社会のどの集団とも比べものにならないほどの革命的かつ戦闘的気質をもった革命軍を革命の大黒柱にすえて、これに依拠して社会主義国家建設を力強く推し進めて行くのは必然的である。軍を革命の支柱にすえてこれを拠りどころにして党と領袖および祖国と革命を守護し、社会主義の国造り全般に拍車をかける社会主義政治のみが、社会発展を力強く鼓舞する最も威力がありバイタリティーの溢れる政治となる。

過去のように労働者階級ではなく、社会で最も革命的な軍を先頭にし、これを拠りどころにして社会全体を率いていく社会主義政治が他でもない先軍政治なのである。

先軍政治が人民軍を革命の大黒柱にすえることによって、社会主義社会発展の強力な動力を生み、社会主義国家建設を力強く推し進めることの出来る平和な環境と条件作りが可能となる。

だが社会主義の国造りのための平和な環境と条件は、帝国主義勢力とその追従勢力が固執する反社会主義孤立圧殺策動および侵略と戦争のため簡単には整えられない。帝国主義勢力とその追従勢力は社会主義制度を打ち倒そうと虎視眈々と狙っており、常時侵略のための刃を研いでいる。

バルカン半島とアフガニスタンとイラクに対する強盗顔負けの武力侵攻を敢行したアメリカを頭とする帝国主義連合勢力は、軍事万能を高唱しながら戦争準備に益々狂奔している。

アメリカは特に、依然として社会主義の赤旗を高くなびかせながら「強盛大国建設」を掲げて力強く前進している北朝鮮に対する軍事的緊張を高めている。毎年膨大な武力を動員した大規模な軍事演習を展開しており、機会があるたびに挑発している。

米軍とその追従勢力は二〇〇二年の六月と七月そして一一月にも数次にわたって西海上で挑発し、二〇〇三年の二月と三月には北朝鮮の東海上空にRC―一三五戦略偵察機を侵入させるなど、北朝鮮に対する陸海空からの軍事的挑発行為を敢行している。このような策動のために北朝鮮は、いつ戦争が勃発してもおかしくない緊迫した情勢に随時襲われている。

このような状況の下で敵を抑止して平和な環境を作り出すことが出来なければ、北朝鮮は社会主義の国造りを円滑に推し進めることもままならないであろう。

帝国主義勢力のこのような侵略策動から平和と安全を保障する道はただ一つ、ひたすら革命軍兵士を無敵必勝の強兵として育成してこれに依拠するところにある。

「領袖決死擁護」の精神で思想武装し、祖国と国民に対する限りない献身と高潔な犠牲精神および「社会主義守護」精神が透徹しており、敵に対する燃え上がる敵愾心で一貫している革命軍の戦闘的気質は、軍事的対決において必勝不敗の決定的要因として作用する。革命精神で武装した革命軍の勇敢さ、剛毅さ、責任感、規律性、組織力、忍耐力、楽天性、団結力、革命性、忠実性などは、敵との対決においていつも百戦百勝をもたらす。先軍政治は革命軍の戦闘的気質を頼みにして敵のどのような形態の挑発にもせん滅的打撃を加えられるように準備することによって、敵をして戦慄させ敢て戦争の導火線に火を点けられないようにするのである。

人民軍を革命の大黒柱にすえた先軍政治によって、冷戦が終焉して以降、社会主義勢力の砦である北朝鮮に対する帝国主義勢力の圧殺策動は見る影もないほどに破綻した。

最近の一〇年間だけをとってみても、空と地上と海上での二〇〇〇数回にわたる米軍の厳重な各種挑発が、革命精神で武装した人民軍によって粉々に粉砕された。

ここには一九九四年一二月一七日に一人の平凡な人民軍兵士が、北朝鮮側の領空を侵したハイテク装置の米軍ＯＨ―五八Ａ／Ｃ型偵察ヘリを一発で撃墜した武勲談も含まれている。また一九九七年七月に韓国軍が非武装地帯で北朝鮮に向けて銃砲射撃を開始し戦争を挑発する騒動を起こした時も、時を移さずにとった自衛処置で相手側のトーチカと砲陣地を吹き飛ばした人民軍兵士らの痛快な武勲談も語り継がれている。一方では空の帝王と呼ばれている米空軍の偵察機に果敢にも接近して制圧し、驚愕させた北朝鮮飛行士らの勇猛さに対する逸話もある。

人民軍兵士らの英雄的な戦闘気質を土台にしている先軍政治によって、北朝鮮では安定した平和な環境が保障されており、社会主義の国家建設が休みなく勢いよく進捗しているのである。

先軍政治の下で、朝鮮人民軍は国防任務を遂行するだけでなく、社会主義建設の重要かつ困難な部門を受け持って突破口を切り開いている。

北朝鮮は国が分断された状況の下で、世界の帝国主義勢力の元凶であるアメリカと直接対峙した状態で革命と国造りを推し進め、諸々の大国主義者らの干渉と圧力をはねのけるという、常に厳しい環境の下で社会主義の国家建設を行なって来た。特に一九九〇年代は、北朝鮮国民にとっては史上類例の無いまことに峻厳な試練の時期であった。

ソ連と東欧共産圏での社会主義制度の挫折による世界社会主義市場の崩壊は、北朝鮮の社会主義国家建設に多大な影響を及ぼした。社会主義市場の崩壊により北朝鮮は、必要な機材をすべて資本主義市場に求めなければならなかった。アメリカを頭とする帝国主義勢力は、ここぞとばかりに北朝鮮に対する制裁と封鎖の締め付けを強めた。

一切の物流を妨害し、国際的な金融取り引きを完全に遮断することによって、北朝鮮を経済的に窒息させるのが帝国主義連合勢力の意図であった。かてて加えて、連年続いた破局的な自然災害まで重なり、北朝鮮は深刻な食糧難と燃料難とエネルギー難に陥った。昔、ある哲学者は、人が災難に遭えば収拾に三日要し、家族が災難に遭えば収拾に三月要し、村が災難に見舞われれば収拾に三年要し、国が災難に襲われれば収拾に三十年要すると言った。災難がもたらす苦痛と傷が如何に大きいかを物語る格言である。一九九〇年代に北朝鮮を襲った苦難と試練は、一つの国に何百年の間に一度あるかないかの最悪の苦難であり最大の試練であった。北朝鮮国民はこの厳しくも苛酷な試練の日々に、よその国の国民であったならば百回も倒れたであろう運命の瀬戸際に立たされもした。

このような最悪の逆境の中で、社会主義の国家建設を中断せずに推し進めていくためには、最も力の要る重要な部門から突破口が開かれなければならなかった。ある戦闘区域での作戦勝利を保障するためには、その勝利の突破口を切り開く橋頭堡を確保しなければならないように、社会主義の国造りにおいても最も重要で力の要る部門から突破口を開いて、引き続き連勝を成し遂げるための飛躍台が作られねばならない。

兵士の生死を分かつ戦闘での勝利の突破口を切り開くには、精神的にも肉体的にも特別に鍛えぬかれた決死隊が必要なように、社会主義の国家建設においてもあらゆる試練と難関を乗り越えていく突撃隊が必要なのである。先軍政治はその突撃隊が労働者や農民ではなく、他でもない革命軍であることを再三にわたって指摘している。

先軍政治は、革命軍を社会主義国家建設の主戦場を受け持つ突撃隊として前面に押したてて国造りの突破口を切り開いていく政治方式である。

先軍政治が拠りどころにしている革命軍の戦闘的気質は、祖国防衛のみならず社会主義国家建設の最も力の要る重要な部門においても奇跡と革新をもたらす源となっている。党と領袖および社会主義祖国と生死運命を共にする覚悟に満ちている革命軍は、一身を捧げて革命の首脳部を「決死擁護」し、党と領袖の命令を貫徹する上で比類なき勇敢さと大胆さと犠牲精神を余すことなく発揮する。革命軍は社会主義制度の頼もしい保護者であると同時に国民にとっては幸福をもたらす創造者なのである。

北朝鮮国民が厳しい難局に直面していた「苦難の行軍」時に人民軍を大黒柱にすえた先軍政治によって、目前の難関を乗り切るための闘いの先頭には常に人民軍が立っていた。

革命の大黒柱として据えてくれた金正日委員長の深い信頼を肝に銘じた人民軍兵士らは、「祖国防衛も社会主義国家建設も我らがまとめて引き受けよう！」というスローガンを高く掲げ、社会主義国家建設の最も力の要る部門で進撃の突破口を切り開いて行った。

人民軍兵士らが身につけている「領袖決死擁護」の精神と信念、党と領袖の命令に対する絶対的で無条件的な精神と気風、革命任務を遂行する上での大胆さと勇敢さ、大衆的英雄主義、祖国と国民に対する熱烈な愛情および将兵一致をはじめとする思想精神的な気質は、国造りの最も力の要る現場の至る所で発揮された。

このことはプッチャン火力発電連合企業所の電力生産を正常化せよとの金正日委員長の命令を貫徹した人民軍将兵らの奮闘の中に見出すことが出来る。一九九七年は例年にない日照りが続き、北朝鮮の電力生産において大きな割合を占める水力発電所を平常どおりに稼動させることが出来なった。そのため一〇月に入って電力不足が非常に深刻になった。スプン発電所を取ってみても、一〇月に入って水位が前例の無いほどに下がった。水力発電所の発電量は二五%ほどにしかならなかった。水不足で水力発電所を平常通り稼動させることが出来ない状況の下で、国の深刻な電力不足を解消する決定的な対策は、火力発電所で発電量を増やすことにあった。ここで基本になるのはプッチャン火力発電連合企業所での発電量を最大に増産することであった。

このような実態をくまなく把握した金正日委員長は、プッチャン火力発電連合企業所を人民軍に任せた。金正日委員長の命令を受けた将兵らは、わずか数日の間に炭鉱に野積みされてあった数十万トンの石炭を輸送して、二基の発電機を余分に稼動させ発電量を増やした。彼らは同年一二月の一ヵ月の間に、坑道を原状復旧する作業を力強く推し進め、トロッコのレールと枕木を修理・交換し、路盤と排水路の整理を数万メートルにわたって行い、数多くのトロッコを修理した。この結果同年末にプッチャン火力発電連合企業所の発電量は一〇月と比べて約二～三倍に達した。

革命軍を大黒柱にすえた先軍政治によって、筆舌に尽くせぬ厳しい状況の下ではあったが、全国至る所に先軍時代を飾る大記念碑的な建造物が雨後の竹の子のようにそびえ立ち、石炭産業と電力産業や農業などの社会主義国家建設における主要部門で一大転換が起きたのである。

先軍政治は、人民軍を革命の大黒柱にすえることによって軍の革命的軍人精神を動力にして、社会主義社会の発展を促進させる。

社会主義社会の発展を推し進める基本要因は、軍の自主的思想にある。

社会は国民の創造的な活動によってのみ発達する。しかるに人の活動目的と方向および意志と労働意欲は思想によって規定される。したがって社会発展を推し進める基本要因は、他でもなく思想に求めなければならない。

このことは、どんな思想でも社会発展を推し進める基本要因になるということを意味しない。ブルジョア思想は社会の発展を阻害するが、自主的思想は社会発展を力強く推し進める革命的な役割を果たす。したがって社会発展を推し進める基本要因は、思想一般にではなく、国民の自主的な要求と利害関係を反映した自主的思想にあると言える。

自主的な思想は国民が発揮する創造力の強弱の程度をも規定する。社会主義社会を支配している思想は、社会の核心勢力でありその時代の典型となる社会集団の中から生まれた精神である。

労働者階級を重視した時代の政治では、労働者階級の革命精神を時代精神にして社会の他の構成員全員を導いてきた。しかし革命軍を最も重要な政治勢力と見なす先軍政治では革命的軍人精神を動力にして、社会の他の構成員全員を激励し社会主義社会の発展を導いて行く。先軍政治に織り込まれている革命的軍人精神は、社会主義社会全般を新たな段階へと発展させる基本動力なのである。

革命的軍人精神は先軍時代を切り開いた偉大な時代精神であり、峻厳な難局を乗り切って革命と国造りを成功裏に前進させる強力な武器である。

革命的軍人精神は「領袖決死擁護」の精神、「決死貫徹」の精神、「英雄的犠牲」の精神を土台にしている。革命的軍人精神の生みの親であるアンビョン青年発電所建設に動員された将兵らは、最高司令官同志の命令を決死貫徹するところに戦士としての気高い生の権利があるという透徹した人生観を身につけて、一身を肉弾と化してついに貫徹した。

かれらは粉塵とガスそしてチリが舞い上がり息がつまるような中でも、それが取り除かれるまで待つのでは無く、ぬれたタオルを口にくわえてはトロッコを押し、ノミで岩石を砕いていった。地下水が噴出した時には、兵士らは決死隊を組んで十回、二十回と失敗を繰り返しながらも墳出口にくさびを打ち込み、足がぶよぶよとむくみ靴がはけなくなるや素足で石ころだらけの坑内で作業しながらも、誰一人として水の中から出てこようとはしなかった。

路盤が水に浸かりトロッコが使えなくなるやいかだを組んで運び、甚だしきに至っては小舟を浮かべて根気強く作業を続ける始末であった。坑内の浸水が胸の高さにまで上がってきた時には停電させるので、暗闇の中では削岩が出来ず、白い包帯でノミを巻いてそれを目標にハンマーを振ってはトンネルを掘り、傷を負った手を思うように動かせず箸さえ動かすのがままならぬ時でさえ、ノミとハンマーだけは手放さなかった。

金正日委員長の命令を貫徹する作業場で将兵らが発揮した犠牲精神と大衆的な英雄主義は、このように東西古今を通してその前例を見出すことの出来ない、文字通り未曾有の出来事であった。

先軍政治は、人民軍の中から生まれた革命的軍人精神と闘争気風を全国に一般化し、全国民をして人民軍の思想および精神的な風貌と気風を見習って革命的な生活を営むようにする。

先軍政治は、社会の構成員全員をして人民軍将兵らが発揮した犠牲精神と英雄的な闘争精神を見習って、社会主義国家建設において沈滞と足踏み状態を寄せ付けずに絶え間ない高揚をもたらす。

今日北朝鮮国民は、このような革命的軍人精神を通じて生産と建設を正常化させる事業を力強く繰り広げて、社会主義国家建設のすべての分野で連日奇跡を生んでいる。

人民軍将兵らの革命精神と闘争気風を見習う過程を通じて「社会主義擁護」の精神である「カンゲ精神」が生まれ、「ソンガンの烽火」と「ラナムの烽火」が燃え上がった。革命的精神が羽ばたく所では無から有が生まれ、奇跡と革新が起きた。人民軍を革命の大黒柱にすえた先軍政治によって、革命的軍人精神が社会主義社会における支配的な革命精神として確固たる地位を占めるようになり、社会主義の国造り全般を力強く推し進める核心的な問題が解決を見たのである。

革命軍を柱にすえ、彼らの革命的気質を拠りどころに革命と国造りを力強く推し進める先軍政治についてVOA（Voice of America）放送は、「今日の北朝鮮のすべての様相は、金正日最高司令官の軍を中枢にした特異な共産主義強硬政治として特徴づけられる。北朝鮮軍は社会主義政治の実体を固守する唯一の主力軍であるのみならず、諸々の経済的困難を克服する文字通り最高司令官の突撃隊・主力軍として活躍している。」と報じざるをえなかった。

金正日委員長が革命軍を最も重要な政治勢力として前面に押し立て、その革命的気質に依拠して社会主義の国家建設全般を力強く推し進めていく先軍政治方式を完成させたことは、国民の自主性を完全に実現させるための闘いを如何なる紆余曲折や偏向も経ずに勝利のうちに遂行するという、人類史上の巨大な業績となる。

二、先軍政治誕生の背景とその普遍性

先軍政治誕生の背景とその普遍性

先軍政治は、北朝鮮が社会主義革命を推し進める過程で得た豊富な経験と、世界の社会主義運動および現代人類史の教訓を反映して打ち出された新たな政治方式である。

金正日委員長は「銃と剣なくしては敵との戦いで勝利を望めず、国と民族および人間の尊厳と名誉を守り通すことが出来ない。」(「偉大な指導者金正日同志の名言集」・『先軍政治』一一頁)と述べた。

先軍政治が北朝鮮社会の特殊な環境を反映しているとか、一時的な難局を乗り切るための対策としてのみ打ち出された政治方式ではない。

北朝鮮の先軍政治は、朝鮮半島にとどまらず世界的な関心を集めながらバイタリティー溢れる政治方式として徐々に広がり、自己の地位を確保しつつある。今日、北朝鮮社会と世界の社会主義運動史に大きな変化をもたらしている。

(一) 北朝鮮革命の切実な要求

先軍政治は、北朝鮮において社会主義革命の実践的な要求を反映して登場した。

金日成主席の逝去を契機に、北朝鮮の社会主義革命は前例のない難局と試練に直面するに至った。この時期の難局は、北朝鮮が自ら「苦難の行軍」および「強行軍」と呼ぶほどの前代未聞の逆境であった。先軍政治はこのような難局を打開するために強化され、完成した政治方式である。

先軍思想は一九三〇年代に金日成主席によって創始された主体思想を基礎にしている。主体思想なくして先軍思想も先軍革命領導路線もありえない。

金日成主席は一九三〇年カリユン会議で抗日武装闘争路線を提起し、一九三一年には明月構会議で遊撃戦を植民地民族解放戦争の基本形式として世界に宣布した。

一九三二年には安図県で反日人民遊撃隊を組織宣布した。これは金日成主席が主体思想に立脚し先軍革命領導の始まりを知らせる歴史的出発点であった。

先軍思想、先軍政治という名称は、一九九〇年代中葉に初めて登場したが、その内実はすでに一九三〇年代初めから形成発展してきたものである。

金正日委員長は一九六〇年代の初めに、金日成主席の先軍思想と先軍革命領導を継承深化する道へと出発し、一九九〇年代にはそれを高い段階へと全面的に発展させ完成した。金日成主席が創造した革命伝統は先軍革命伝統であり、金正日委員長が新しい情勢の要求に応えて深化発展させた先軍政治の歴史的根源である。

一　自主性を守るために

先軍政治には自主性を命とする社会主義革命の原則的な要求が反映されている。

金正日委員長は「私が主席が逝去された後、人民軍の強化を優先させそこに力を注いだのは、なにも国民生活が苦しいということを知らなかったからではなく、我々の前途に自主的な国民として、自主的な近衛兵として生き残るのか、それとも再び帝国主義の植民地奴隷に成り下がるのかという深刻な問題が持ち上がっていたからであります。この深刻な問題を解くカギが、他でもない銃と剣を強化することにあったのです。」(図書「我が党の先軍政治」二〇〇六年八~九頁)と述べた。

社会主義革命は国民の自主性を命とする。したがって自主性を享受しながら生きていくのか、帝国主義の植民地奴隷として生きるのかというのは、非常に尖鋭な問題である。社会主義にとってこの問題は、おそらく、帝国主義が地球上に存続する限り恒久的に持ち上がるであろう。一九九〇年代の半ば、北朝鮮はまさにこの問題に直面していた。

一九九四年七月八日、金日成主席急逝の悲報に接し、老若男女こぞって金日成主席の銅像が建つピョンヤンの「万寿台の丘」に波のように押し寄せはじめた。訃報が伝えられた二時間後、銅像へ上る階段とその周辺の道路はすでに人の海と化し、地方の道所在地と「革命史蹟地」にある金日成主席の銅像が建つ広場は、民族の慈父を失った悲しみの泣き声で埋まった。

米国のCNN放送は、一九九四年七月一九日に執り行なわれた金日成主席の告別式の模様を次のように伝えた。

「金日成主席は生前、北朝鮮を一つの家庭にたとえて言っていたが、その時はその言葉の意味を理解することが出来なかった。しかし火曜日に執り行なわれた告別式は、北朝鮮の人々が金日成主席を自分らの慈父としておし頂いてきたということを如実に物語っていた。今でも弔意を表すために世界各地から来る、数多くの外国人と海外同胞からなる弔問客の列が引っ切り無しに続いている。北朝鮮住民の悲憤の感情はけっして強要されたものではなく、彼らの心の底からにじみ出ているように見えた。」

一方、金日成主席の逝去を契機に北朝鮮は前例のない難関と試練に直面するにいたった。北朝鮮の人々にとって、金日成主席の逝去はまさに救世主を失ったほどの大きな衝撃であった。だがそれは、アメリカを頭とする帝国主義勢力にとっては絶好の機会となった。とくに北朝鮮を目の敵として嫌ってきたアメリカは、この時とばかりに北朝鮮に対する封鎖と制裁を一段と強め、北朝鮮の崩壊を企てた。

一九八〇年代の末から一九九〇年代の初めにかけて、ソ連と東欧諸国で社会主義制度が相次いで崩壊した事実を目の当たりにした米国は、北朝鮮もたやすく崩すことが出来ると打算したのである。

このような目論見に基づいてアメリカは、北朝鮮を崩壊に導くべくここに力を注いだ。金日成主席の逝去を契機に米国は北朝鮮に対する経済的および軍事的圧力をいつになく露骨に加えていった。ソ連と東欧での社会主義制度の崩壊が冷戦の終焉をもたらしたと宣言した米国は、真っ先に軍事戦略を変更して軍事力をヨーロッパからアジア太平洋地域へと、特に朝鮮半島とその周辺へと徐々に移動展開していった。

冷戦が終焉したのち、アメリカが北朝鮮の自主権を蹂躙する政策に主力を注ぐようになった事由を次のごとくまとめることが出来る。

第一に、アメリカが新保守主義を掲げて「世界一体化戦略」を実現させる上で、北朝鮮が主な障害になると見なしていたからである。

一九八九年一一月、冷戦の象徴であったベルリンの壁が崩れたのを契機に、東欧の社会主義諸国で社会主義制度が崩壊し、ソ連までが解体されるや、その余波はアジアの社会主義国にまでおよんだ。その結果「ソ連式の社会主義」が社会主義を代表し、かつ社会主義そのものであるとの認識が支配的であった当時、社会主義に対する国際的なイメージは大いにゆらいだ。

しかし北朝鮮は他の社会主義国とは異なり、自らが選択した社会主義の道にしたがって力強く歩んでいた。当時ＶＯＡ（Voice of America）放送はこのような北朝鮮について「西洋と東洋の劇的な変化に些少の拘束も受けず、それどころかむしろより一層頑強に立ち向かっている社会主義の砦」と評するほどであった。

冷戦が終焉し米ソの対決構図が崩れるや、米国は世界で唯一の超大国であると自認しながら、いわゆる「新たな世界秩序」を戦略的目標として打ち出した。一九九一年一月、ジョージ・ブッシュ（一世）大統領はアメリカ議会で、「長らく待ち望んできた新たな世界秩序を打ち立てる機会が到来した」としながら、「新たな世界秩序とは、冷戦の危険が去り市場と民主主義が繁栄する世界秩序を打ち立てることである」と言った（「米朝対決と二一世紀」一九頁）。

アメリカが主導するいわゆる「世界秩序」とは、資本主義の市場経済とアメリカ式の民主主義が支配する世界、すなわち資本主義化された世界を打ち立てることをさす。

米国はこのような「世界一体化戦略」を実現させる上において、北朝鮮が最大の障害になると見なしていた。一言でいってそれは、アメリカに真正面から挑戦する北朝鮮の影響力が、世界的な版図で社会主義の再生をもたらし得る可能性を含んでいたからである。

この点に対して米ジョージタウン大国際関係大学院の研究員であるビル・クラネルは「北朝鮮は、現在アメリカにもっとも頑強に挑戦することの出来る軍事的な実体」、「北朝鮮社会主義の実体は、アメリカが主導する新たな国際秩序に正面から突破口を切り開くことの出来るもっとも危険な存在」であると言った。

ＶＯＡ放送も「アメリカに真正面から挑戦しているのは、この地球上では北朝鮮のみ」としながら「一九六〇年代～一九七〇年代の共産主義運動が存在していた時期でさえ、米国を威嚇し挑戦したのも事実上北朝鮮のみ」であり「誰一人としてアメリカに対する批評をひかえている今日にいたってなお、ワシントンを屈服させようとしているのは他でもない北朝鮮」であると伝えた。

第二に、冷戦が終焉した後、米国が北朝鮮を圧迫すべく多大な力をかたむけるようになった理由は、北朝鮮が世界の社会主義再生運動のセンター、反帝闘争の国際的な拠点となっていたからである。

東欧の共産圏で社会主義制度が崩壊し、大国だと豪語していたソ連も一朝にして崩れ去った衝撃的な出来事は、共産主義運動と進歩的な運動にたずさわる人々の耳目を自然にピョンヤンへと向けさせた。それは社会主義の再建と社会主義運動の正道を照らす思想と、それを率いるリーダーが北朝鮮に存在すると信じていたからである。

結局、ソ連が崩壊した後、世界の社会主義運動の中心は北朝鮮へと移り、北朝鮮は主体思想とその社会主義学説の発祥地、「ピョンヤン宣言」が採択された社会主義の砦として認知されるようになった。

世界の社会主義運動の中で北朝鮮が占めているこのような地位について、シリアのある政治家は一九九三年の春、「後世の地理学者は、グリニッチ天文台があるイギリスや、赤道記念碑があるエクアドルではなく、主体思想塔が建つピョンヤンを基点として地球の経度と緯度を新たに引くようになるであろう。主体思想塔を中心にして書かれた地図のみが、人類の志向と時代の流れを盛り込んだ科学的な地図であると言えるだろう。それは北朝鮮が世界革命のセンターになっているからである。」と言った。

社会主義運動の真理性と社会主義再建運動の道しるべを照らした「ピョンヤン宣言」の発表は、世界の社会主義運動を発展させる上で多大な意義を有している。

一九九二年四月二〇日に発表された当時、「ピョンヤン宣言」に署名した世界各国の共産党と労働（者）党および社会主義を志向する政党の数は七〇であったが、二〇〇三年六月末現在二六七の政党がこれに署名した。

米国さえも、「ピョンヤン宣言」の旗の下に世界の社会主義勢力が再編成されており、社会主義再建運動が活性化のきざしを見せているとしながら、北朝鮮を第三インターのような存在であると認めている。アメリカのマスメディアまでも「第三インターの本部が事実上ピョンヤンに移されたと断言しても言い過ぎではない」、「北にはもっとも透徹した共産主義理念を身につけた金正日委員長がおり、その政治勢力は世界に多大な影響を及ぼすかもしれない」（VOA　一九九七年八月三〇日）と伝えた。

冷戦が終焉した後、米国の鼻柱は一段と強まった。ソ連をはじめとする社会主義制度が崩壊した国は言うまでもなく、現存する社会主義諸国までも反帝反米闘争を放棄して事実上米国とは「同伴者関係」を結んでおり、第三世界の各国は米国の独断を目の当たりにして首もたげられない状態にある。

しかし北朝鮮だけは、アメリカの強硬政策には超強硬政策で、宥和政策には革命的原則で立ち向かいながら、依然として反帝反米闘争の旗幟を高く掲げている。これについて米国のある出版物は「北朝鮮は第三世界の人々の心に自主の灯をともす原動力である」（VOA　一九九七年八月三〇日）と伝えた。

冷戦終焉後、アメリカが北朝鮮に対する圧迫を強めていったのは、朝鮮半島が置かれた地理的な条件とも関係がある。

今日、世界制覇を企てるアメリカの戦略で基本となるのは、アジア太平洋地域を支配するところにある。アジア太平洋地域には豊富な資源と莫大な人口そして広大な市場があり、経済もまた速いスピードで発展しており、主導権争奪のための競争が激しい地域である。なかでも関心を集めているのは北東アジアである。

北東アジアには、いまだ未開発の無尽蔵な天然資源と豊富な労働力および科学技術的な潜在力があるからである。

したがって米国の対アジア政策の焦点は、当然北東アジアの中心に位置した朝鮮半島におかれる。米ヘリテイジ財団の極東安保担当者は「二一世紀における米国の対外政策の基本は対アジア政策」にあるとしながら、なかでも「朝鮮半島問題が基本焦点」になっていると言った（「米朝対決と二一世紀」二〇〇〇年労働新聞社出版）。

「ワシントンポスト」も「現在朝鮮半島情勢が大きく変わりつつある中でけっして変わることがないのが地理的な条件である。・・・戦略的に非常に重要な北東アジアの中心には朝鮮半島がある。」と記した。

アジア大陸と太平洋をむすぶ朝鮮半島を起点にして、北東アジアに対する影響力を行使しようとするのが米国の狙いである。ただこの目論見を実現させる上で問題となるのは、米本土までも威嚇している北朝鮮なのである。したがってアメリカは、機会があるごとに政治・経済・軍事的に北朝鮮を封鎖し圧迫し続けてきたのである。

特に米国は、冷戦期にソ連と東欧の共産圏をけん制するために展開させていた軍事力を、北朝鮮を意識してか北東アジアに回す一方、駐韓米軍の精鋭化をめざして、一九九五年には「エイブラムス」戦車一五〇台と「アパッチ」攻撃型ヘリ二四機そして「パトリオット」ミサイルなどを新たに配備した。

アメリカは多様な軍事演習を行なうことによって北朝鮮を刺激してきた。金日成主席の告別式が挙行された一九九四年七月一九日には、太平洋艦隊の戦闘機を出動させてE—3早期警報機の総合的な指揮の下、有事の戦略的目標に対する奇襲打撃と地上軍に対する支援演習を行なった。

またU―2型偵察機、RC―135偵察機、E―3早期警報機を出動させて行なう、北朝鮮地域に対する空中偵察の回数を年毎に増やしているのが実情である。

一方、毎年別々に行なっていた「乙支演習」と「フォーカスレンズ演習」を一九九四年からは統合して「乙支フォーカスレンズ演習」として拡大実施する一方、従来米太平洋司令部に所属しながら支援を行なっていた米第七艦隊を、米韓連合司令部に完全に配属させて参加させた。

「イーグル演習」もやはり期間を一〇～一四日間から三〇日間にのばし、一九九五年には駐韓米軍のみならず海外からも数多くの米軍を増員投入。このような演習について日本の雑誌「軍事研究」は、「それは北朝鮮を奇襲して相手側の基地を破壊するための演習であり、米韓の特殊部隊による北朝鮮浸透訓練をあわせた総合演習」であると論評した（図書「赤旗を守って峻厳な六年」一八九～一九〇頁）。

米国は一九九六年度にも「イーグル」、「乙支」、「護国九六」、「RSOI」、「花郎」等の各種軍事演習を韓国で行なった。一九九八年にマスコミに流れた「五〇二七作戦計画」一つをとってみても、このようなアメリカの軍事行動が手にとるように見えてくる。

「五〇二七作戦計画」は五段階に区分けされている。第一段階は「抑制」の段階で、いわゆる北朝鮮の行動を抑制するために韓国とその周辺地域に武力を集結させて、北朝鮮の空と海上と国境を封鎖し制裁を加えるというものだ。第二段階は「無力化」の段階で、膨大な野戦砲兵の火力と戦闘機および巡航ミサイルで北朝鮮全域に対し長期にわたって空中から打撃を加え、北朝鮮を無力化することを狙っている。第三段階は「地上攻撃」の段階で、東海（日本海）と西海（黄海）の両海岸からの大規模な上陸作戦に空輸部隊とヘリと特殊部隊をあわせた全面戦を展開し、ピョンヤンを作戦的包囲網の中に取り込んで清川江界域まで占領するとしている。第四段階は「拡大」段階で、清川江より北の北朝鮮全域を占領するという。第五段階は「終結」の段階で、自由民主主義体制の下で統一を実現させるというものである。

この作戦計画によれば、米軍五四万六千名、韓国軍六八万名、五ないし七つの航空母艦集団、F—117およびF—111ステルス戦闘爆撃機、核兵器搭載可能な戦略爆撃機であるB—1、B—2、B—52をはじめとする最先端の軍備と武器を投入するという。

アメリカはこのような軍事的圧力を加える一方で、自由主義の思想と文化をもって北朝鮮の変化を誘導しようと試みた。

帝国主義の支配的行動には主に二つのパターンがあると歴史は語っている。一つは軍事や経済という手段を駆使した支配であり、今ひとつは思想文化的に瓦解させることである。米国もまた、ソ連と東欧共産圏が思想文化的に瓦解した後に崩れたように、北朝鮮に変化が起きることを期待した。

この先頭に立ったのが米中央情報局（CIA）だった。CIAは「一〇〇機の戦闘機をもってしても不可能なことを、一〇人の『使徒』がやり遂げる」（図書「怒号する赤い波浪」科学百科事典出版社二〇〇二年度版一二七頁）と主張しながら、その根拠として社会主義諸国が軍事力ではなく、自由主義の風によって崩れた事実をあげた。

事実、ソ連が鉄砲を一発も撃たずじまいで崩壊したのは、なにも経済と軍事力が弱かったからではない。それは黄金万能の資本主義思想とその文化のためであった。

ソ連に対してアメリカが適用した「平和的移行」戦略は二段階に分けて駆使された。第一ステップは「封鎖」の段階であり、第二ステップは「内部混乱」の段階である。第一ステップの目的を達成するためにアメリカは、ソ連を膨大な軍備競争に引き込んで経済的難関にあえぐように仕向けた。一九八一年一月大統領に就任したレーガンは、ソ連を「悪の帝国」、「国際的緊張の根源」と誹謗しながら、ソ連との競争と対決において一歩も譲歩してはならないと言った。この線にそってレーガン行政府は軍事費を、一九八一会計年度には一八〇五億ドル、一九八二会計年度には二〇九三億ドル、一九八五会計年度には二七九一億ドルと大幅に増額する一方、「スターウォーズ」計画を打ち上げてここに莫大な資金を投入した。

レーガンのこのような強硬路線は、ソ連に対するアメリカの軍事的優位を確保し、ソ連を軍備競争に引きずり込んで経済的に窒息させようとするものであった。

また同時に、ソ連に対する「平和的移行」戦略を実現させるために、自由主義思想とその文化を吹き込む足場を整えるためでもあった。

このような対ソ強硬政策が功を奏するや、第四一代大統領に就任したブッシュ（一世）は、ソ連を内部から瓦解させる絶好の機会を見逃さなかった。一九八九年五月はじめ、ホワイトハウスでの対ソ戦略を論議する場で国家安全保障理事会の対ソ専門家であったライス（二〇〇五年から国務長官）は次のように提案した。「対ソ封鎖政策は成功した。ジョージ・ケナンが望んでいたとおりに、その政策はソ連の人々をして国内問題にのみ没頭するように仕向けた。今や封鎖を越えた新たな時期が到来した。これからはソ連をして、西側の政治および経済共同体に統合すべく鼓舞するものとならなければならない。」。

ここでライスが言及したジョージ・ケナンは、一九四七年、米国務省の政策企画局長のポストに就いていた当時、ソ連に対しては長期的かつ一貫した封鎖で対処すべきであると主張した人物である。ライスの提案は、ジョージ・ケナンの主張どおりソ連を封鎖しけん制すると同時に、さらに一歩進んで内部から瓦解するように仕向けるべきであるとの主張であった。

この提案は当時ブッシュをして「平和的移行」戦略に確信を持たせ、結局ゴルバチョフの「改革」政策を勢いづかせてソ連の崩壊をもたらしたのである（図書「ソ連崩壊とその教訓」四六〇頁）。レーガンとブッシュは一方で、ブッシュ（一世）の後を継いで大統領になったクリントンに北朝鮮に変化をもたらすべく誘導するようにと促した。

クリントンは北朝鮮に対して軍事経済的圧力を加えるとともに、北朝鮮が内部から瓦解することを狙った作戦を実行に移した。一九九四年一月はじめに韓国を訪れたウールジＣＩＡ長官は、「北朝鮮との対決は頭脳の戦いであるから情報を先行させなければならない」と言った。こうしてアメリカ主導の下、イスラエルのモサドを含めた対北朝鮮情報チームが新たに組まれ、一〇億ドルの予算を湯水の如くばら撒きながら、北朝鮮に対する瓦解作戦に拍車をかけることになった。

ＣＩＡと韓国の安全企画部（安企部）は、中国やロシアなどで北朝鮮国民は言うまでもなく、海外同胞や外国人を介して北朝鮮に関する情報を収集する一方、自由主義の思想と文化および生活スタイルを広めようとした。おそらく北朝鮮が主張しているように、各種のデマや多様なビデオ画像を無分別にばら撒いたかもしれない。

また放送を通じてのキャンペーンも執拗に行なった。

放送には事実上国境がない。アメリカのマスメディアは「毒ガスは一度に数百名しか殺すことが出来ないが、放送は一度に数十万もの人を殺すことが出来る」、「一つの放送局が一国を平定することが出来る。」（図書「怒号する赤い波浪」一三二頁）としながら、放送を通じての対北朝鮮キャンペーンに大きな期待をかけた。

米国の海外向け放送局は傘下に約一万人の従業員を擁しており、世界各国各地に送る放送を通じて宣伝キャンペーンを展開している。

一九四九年に創設された「自由ヨーロッパ放送」を通じてソ連や東欧諸国を崩壊に導いたことに味をしめたアメリカは、北朝鮮を対象にした「自由アジア放送」で二匹目のドジョウを狙った。一九九一年に三千万ドルを費やして「自由アジア放送」を創設したアメリカは、一九九七年初めから北朝鮮を対象にした放送を始め、これに年間四千万ドルの経費を支出している（「労働新聞」一九九七年五月二四日付）。

アメリカはこの放送を通じて社会主義制度を「閉鎖された社会」、「人権が蹂躙された社会」と誹謗しながら資本主義に対して憧憬を抱くように仕向ける一方で、宗教も重要な手段の一つと見なして北朝鮮にバイブルをはじめ宗教に関する色々な本を送り込むに止まらず、多様な迷信までも広めようとした。しかし北朝鮮に対して行なったアメリカのこのような小細工は、これといった成果を収めることがなかった。

このようにアメリカが北朝鮮に対して無謀な策動で挑発し、軍事的圧力を加える条件の下で、北朝鮮は自主的に生き残るのか、もしくは米帝の植民地奴隷に成り下がるのかという深刻な局面にぶつかった。金日成主席の急逝という出来事に加えて、深刻な経済不況が襲いかかった事態を絶好の機会と見て取ったアメリカの出方に、対決か屈従かの別れ道にたった北朝鮮が選択したのは対決の道であった。

北朝鮮が選んだ先軍政治は、世界政治史の中に見出すことが出来ない新たな選択であった。国土も小さく人口も少ない北朝鮮としては、この選択だけが帝国主義勢力の軍事的圧力に立ち向かって勝つことが出来る唯一の道であると信じた。

このような信念の根底には、革命は強力な軍事力を保有するかぎり勝利し守り通すことが出来るという、革命の原理に対する確信があったからである。したがって軍事を国事の最優先課題とし必勝の国防力を保有すること、これが北朝鮮の先軍政治なのである。

二　金日成主席の業績を継承し輝かすために

先軍政治は金日成主席の業績を継承しより一層輝かすために打ち出された政治である。

金正日委員長は「我が党の先軍政治は、銃と剣を重視し軍事を重視した偉大な主席の思想と路線を受け継ぎ、変化した情勢の要求に応えて深化発展させて打ち出した、現代の威力ある政治方式であります。」（「先軍革命路線は現代の偉大な革命路線であり、我が革命の百戦百勝の旗幟である」単行本三頁）と述べた。

社会主義革命を継承し完成させるためには当然社会主義革命において領袖が成し遂げた業績を代を引き継いで固守し輝かせねばならない。

革命が引き継がれていくものである限り、革命の代が替わっても領袖がやり遂げた業績を擁護固守しそれを輝かして行かなければ、革命を真っ直ぐに推し進めていくことが出来ない。

そのためにはまず革命勢力をしっかりと育成しなければならない。革命勢力をしっかり調えることが出来ず、革命勢力が弱ければ、領袖が成し遂げた業績は言うまでもなく、国と民族の運命までが危機に直面することになる。革命勢力を強化して国力を鉄壁のごとく固めることの出来る道は、ひとえに先軍政治にある。

先軍政治とは、軍を革命の主力にすえ、それを礎にして革命勢力をしっかりと結束させ、領袖が成し遂げた業績をとわに継承発展させることが出来る政治なのである。

金正日委員長の先軍政治は、金日成主席の業績を銃と剣をもって頑強に守り通さんとする忠誠の一心で貫かれた政治である。

帝国日本の占領下にあった時期に金日成主席みずからおこした革命軍、朝鮮戦争後は北朝鮮の社会主義革命に大いに貢献した人民軍を革命の主力にすえた先軍政治は、取りも直さず金日成主席の業績を頑強に守り引き継いで輝かす政治であると言える。

先軍政治が金日成主席の業績を輝かすことになるのは、先軍政治が金日成主席を社会主義朝鮮の始祖、民族の永遠なる慈父としていただく上で磐石の保障となるからである。

北朝鮮では五千年の民族史の中でもっとも偉大な人物として金日成主席をあげる。

社会主義朝鮮の始祖である金日成主席が成し遂げた業績を抜きにして、北朝鮮の存在と発展について理解することは出来ない。北朝鮮にとって金日成主席の業績を輝かすことは、民族史的な偉業となる。先軍政治の重要な使命がまさにここにある。

金正日委員長は現在、金日成主席が成し遂げたすべての業績と伝統を固守し輝かせるべく力を注いでいる。金正日委員長のこのような先軍政治と労苦がなかったならば、北朝鮮はすでに消え去っていたかもしれない。先軍政治が金日成主席の業績を輝かす政治になるのは、先軍政治に金日成主席の指導業績が集約されているからである。

金正日委員長は早くから金日成主席の指導上の特徴が先軍にあると見てとって、金日成主席が逝去した後にも、このような先軍の歴史が引き継がれるように導いていった。

金日成主席の指導上の特徴は、世界革命史にはじめて見る独創的な先軍革命と呼ばれる指導にある。民族独立運動の闘士だった父親から譲り受けた拳銃から始まった金日成主席の革命は、まずはじめに軍をおこし、その次に党と国を造ることで貫かれている。

しかし金日成主席は、生前にこれを「先軍」という言葉で表現することはなかった。金日成主席の革命史を先軍革命による指導の歴史であると定義し、さらに進んで先軍の原理を抽出したのは金正日委員長である。

現在にいたる労働者階級の革命運動において、先党後軍（建党が先で建軍が後だという意味）という方式が普遍的な公式であったことに照らし合わせてみるならば、これは一つの大いなる発見であるに違いない。金日成主席は主体思想を創始したのに基づいて、独創的な「銃・剣重視」と「軍事重視思想」を打ち出し、史上類例の無い先軍後党の道を歩んできた。先軍政治が金日成主席の革命活動と業績に基づいて打ち出された政治方式であるというところに、尽きることのないバイタリティーの源があると言える。

金日成主席の革命活動において常に軍事が第一席を占めて来たことは、抗日闘争期においても明確に見出すことが出来る。

金日成主席は一九三〇年の夏に満州のカリユンで主体思想を宣布して朝鮮革命に対する主体的な方針を提唱する一方、一九三一年一二月には明月溝で武装闘争に関する戦略的な方針を打ち出し、一九三二年四月二五日には抗日遊撃隊の発足を宣布した。

このような先軍革命の礎の上に、解放直後の一九四五年一〇月一〇日に朝鮮労働党を結党し、一九四八年九月九日には朝鮮民主主義人民共和国の建国を宣言した。

金日成主席の革命活動を先軍の原理で考察し一言でその特徴を言い表すならば、「建軍後の結党建国」の革命方式にあると言える。

北朝鮮の革命伝統とその地盤は、北朝鮮社会の強靭さと不敗さを規定する要因となっている。金日成主席の革命生涯は、自力で革命の武力を持つことが出来るならば革命で勝利を得、勝利した革命を保持し、国と民族の運命を自主的に開拓することが出来るという真理を教えている。革命の全過程が先軍の革命方式で貫かれるとき、百戦百勝が保障され、輝かしい未来が約束されるというのが先軍革命指導がもつ教訓的な価値である。

金正日委員長は金日成主席の指導業績を研究し、そこに織り込まれている先軍の原理を見出して、金日成主席の革命偉業の継承が取りも直さず先軍の革命指導を継承することにあるという点を洞察して、先軍政治を展開したのである。

先軍政治は、金日成主席の革命生涯が教える遺訓に忠実な政治方式である。

先軍政治は軍を強化する政治方式である。

金日成主席は生涯を司令官、将軍、大元帥などの軍人としての職名で過ごした。金日成主席は革命の道を歩み始めた初期に、朝鮮共産主義者らの致命的な弱点が、自国の民衆の力に全幅の信頼を置かず外部の力に頼ろうとする主体性の欠如と派閥争いにあると看破した。そこで主席はまず主体の道・先軍革命方式の道を開拓した。

抗日遊撃隊を組織して帝国日本と戦った金日成主席は、解放後も抗日遊撃隊の後身である朝鮮人民軍を強化すべくここに多大な力を注いだ。金日成主席は朝鮮人民軍を抗日の伝統を受け継いだ軍隊として、党の軍隊として、人民の軍隊として育て上げる一方、軍を拠りどころに社会主義の革命と国家建設を推し進めていった。

抗日の血戦を繰り広げる最中に産声を上げ、二度にわたる戦争の経験を通じて鍛え上げられた朝鮮人民軍を保有しているということは、朝鮮民族の大いなる誇りでもある。北朝鮮軍は金日成主席が一生をささげた貴重な遺産である。金正日委員長の先軍政治は、この貴重な遺産である人民軍をよりいっそう大切にし強化発展させていく政治である。

防衛産業は軍とともに国防力を構成する重要な要素である。軍は強固な防衛産業の支えがあってはじめて不敗の威力を有することになる。金日成主席は一生を通じて人民軍を「一当百」（一騎当千の意味）の強軍として育て上げる一方、自立的な防衛産業を創設しその発展に心血をそそいだ。

抗日闘争を始めた時から防衛産業に対する関心が深かった金日成主席は、外国が援助を申し入れた時さえも、手製の手榴弾工場のような軍需工場を要求したことがある。しかしそのような要求が受け入れられぬと知るや、手製の手榴弾を製造する方法で北朝鮮の軍需産業の始原を開いた。解放後もまっ先に軍需工場の着工式に足を運ぶなど、軍需産業に対する金日成主席の深い関心があったからこそ、北朝鮮は一九四九年三月から機関銃の系列生産に入るようになり、海軍の警備艇までも造れるようになったのである。

解放後、国防力の増強に取り組んだことは、朝鮮戦争で大いに役にたった。その代表的な実例が北朝鮮軍の戦車に対する米軍の恐怖であった。

朝鮮戦争研究の専門家である日本人の児島襄氏は自著の「朝鮮戦争」（一九八一年発刊）の中で、「人民軍の戦車を見ただけで逃げた」と言った。この本によればアメリカは、戦争が起きる前には北朝鮮の武装は貧弱であると見ていた。ましてや戦車などを保有しているなどとは思ってもいなかったという。児島氏は「朝鮮戦争を省みる時、特に戦争の初期の段階では北朝鮮軍の戦車に対する米軍の恐怖は大変なものであった。韓国軍は北朝鮮軍の戦車を見ただけで戦意を失った。」と記した。一度は、北朝鮮軍の戦車四台が永登浦へと進撃するや、韓国軍の一個連隊が「戦車だ。逃げろ！」と散ったという。

北朝鮮軍が米軍とはじめて戦ったのは、一九五〇年七月五日水原一帯においてであった。米軍の第二四師団のスミス部隊が米地上軍の第一陣として水原一帯に展開していたとき、北朝鮮軍の戦車八台を発見して砲撃を加えたが、北朝鮮軍の戦車は悠々とスミス部隊の前を通過した。

児島氏は自著の中で北朝鮮軍の戦車の突撃によって「朝鮮戦争における米軍の緒戦は惨敗を記録した」と述べている。結局アメリカも、北朝鮮が国防力を増強した処置が戦時に大きな実効をあげたと認めたのである。

金日成主席は一九六〇年代はじめに民需産業部門と軍需産業部門を併せて発展させる併進路線を打ち出して、防衛産業の発展に膨大な国力を注いだ。もし北朝鮮に武器を造る力がなかったなら、国防において自衛の原則を貫き通すことが出来なかったであろうし、国際政治の場においても自主権を堂々と行使することが出来なかったであろう。したがって金日成主席の遺産である自立的な防衛産業を発展させ、国防力を増強するところに先軍政治の特徴があるのである。

三　現下の難局を成功裏に乗り切るために

金正日委員長は「昨年は耐えがたい試練も、胸が痛む出来事もたくさんありました。我が国の社会主義制度を抹殺せんとする帝国主義者と反動勢力の策動が一段と悪辣になり、経済部門での難関も言い尽くせぬものがありました。敵の反共和国・反社会主義策動に食糧難まで重なった結果、その難関と試練は手にあまり、それを突き破って進むのは本当に並大抵なことではありませんでした。かといって誰かに助けを求めるわけにもゆきませんでした。」（図書「赤旗を守って峻厳な六年」二〇〇一年、一九三頁）と回想した。

一九九〇年代の半ばに北朝鮮が先軍政治の道を選ばざるを得なかったのは、北朝鮮が直面した難関とも関係があった。当時、外部からはアメリカの圧迫と封鎖のために北朝鮮自体の存亡が問題となり、内部からは厳しい経済状況と自然災害のために食糧難が極度に達し、以前は見ることが無かった餓死者や放浪者まで出るようになった。

金正日委員長は当時を回想しながら、手の施しようのない難関と厳しい試練が襲い掛かってきたとき、ありとあらゆる考えが浮かんで来るほどに胸が痛くつらかったが、革命家は絶対に気弱な考えを持ってはならないと自分に言いきかせて、先軍政治を推し進める決心を固めた、と述べた。

先軍政治は国家の安泰と経済の活性化および国民生活の保障までも一度に解決することの出来る威力ある政治方式である。

金正日委員長が先軍政治を決心するまでは、深く思い悩んだであろう。当時、ある人は党と軍と経済の三つの内で、金正日委員長が経済問題に直接手を下さなければ現下の難局を切り開くことは出来ないと見ていた。しかし金日成主席は以前から、金正日委員長は経済分野を担当せずに、党と軍事分野を見るのがいい、と述べたという。こうして見てくると、金正日委員長としては党と軍の二つの内どちらか一つを選ぶ問題だけが残ることになる。金正日委員長は、党は解散したとしても再び結党することが出来るが、軍を手放せば国も党も失うことになるとの判断から、結局軍を拠りどころにする先軍政治の道を選んだ。

先軍政治は先軍の方法で危機に陥った国も救い、党も強化し、経済問題までも解決するという、一石多鳥の処方としてこの世に出現したのである。

先軍政治の当為性をきちんと認識するためには、当時北朝鮮が直面していた経済的難関を振り返ってみる必要がある。

それまで、対外貿易のほとんどを社会主義市場に依存していた北朝鮮は、社会主義市場の崩壊と帝国主義勢力の経済的封鎖、圧迫によって大きな打撃を受けていた。特に原油とコークス炭をはじめとする、北朝鮮にとって切実に必要な戦略物資さえも買い入れることが出来なくなった北朝鮮は、毎年マイナス成長を記録して経済は落ち込んで行った。

これを絶好の機会到来とみなしたアメリカは、北朝鮮を瀬戸際に追いやるべく、通商と金融関係および郵便と電信などを一切断絶し、海外の銀行に預金されている北朝鮮の資金をすべて凍結させるなどの経済的封鎖と圧迫を加えた。

また日本とシンガポールや台湾などをはじめとする諸外国をして北朝鮮との貿易および経済関係を断ち切るようにする一方、「ワッセナー協定」（対共産圏輸出統制委員会であったココム―ＣＯＣＯＭ―の後身）をはじめとする各種制度をすべて悪用して北朝鮮を圧迫した。

アメリカの執拗な経済封鎖によって北朝鮮の対外市場への進出が閉ざされ、北朝鮮経済はますます悪化の一路をたどった（図書「赤旗を守って峻厳な六年」一巻一九二～一九三頁）。

ここに金日成主席の急逝、さらに甚だしい自然災害が加わった。

一九九四年春の冷害による被害につづいて、まれに見る豪雨によって農業をはじめ他の経済部門も大きな被害を受けた。

同年五月中旬には日照りが続いたかと思うと、八月三日から五日にかけて北朝鮮全域に四〇年ぶりの豪雨が降り注ぎ、最高五二〇ミリの降水量を記録した。このためにいくつかの堤防が崩れ広大な農地が冠水した。これより一〇日後の八月一五日から一六日にかけて、一時間あたり一五〇～一七〇ミリの豪雨をともなった台風一四号が北朝鮮の西部一帯を襲い、道路はズタズタに寸断され、多くの地域で田畑が冠水し、住宅が流され、炭鉱と鉱山が浸水した。一九九四年度の一年だけを取って見ても、三万四千余町歩の水田と二八万余町歩のトウモロコシ畑が冠水もしくは埋没し、七二万トンの穀物が流失し、数多くの建物と機械設備が水に浸かったりして使えなくなり、五八隻の船舶が破損沈没し、約二五〇〇余万ウォン相当の財産被害を受けた。

一九九五年の七月二六日～八月二日、八月五日～六日、八月一七日～一八日にかけて降り注いだ豪雨のために、黄海北道リンサン郡にあるサンウォン貯水池が決壊し、ウンパ郡をはじめとする広い地域が被害を被った。

ウンパ郡の被害現場を視察して回ったある外国の記者は、取材記に次のように記した。「海と化したチェリヨン平野には、牛の飼い葉にも使えない腐った稲だけが散在し、コンクリート造りの橋脚は半分流され、学校は影形もなく消失し、ポプラは根こそぎに倒れ横たわっていた。廃墟そのものであった。相当の民家と施設があったはずの大地の上には、倒れた柱や大型のドラム缶、レンガやセメントのかたまり、トタン屋根の破片が無数にころがっていた。」

江原道では七月八日から八月二〇日にかけての四〇余日間に一二一九ミリの雨が降り注ぎ、セポ郡にあるペクサン貯水池が破れて農作物と家畜および住宅が流された。

七月末からシニジュを含めた平安北道一帯に降りはじめた豪雨のため、七月三一日には水豊ダムの堤防を越えて激流が流れ出した。ひっきりなしに降り続いた豪雨のため、八月九日には鴨緑江の最高水位が歴代最高値を更新して八・〇五メートルに達した。それまでの鴨緑江の最高水位は、一九二三年と一九三二年に記録した六・八メートルである。そのために鴨緑江の下流にある島の新義州市サンダン里とハダン里およびウィジュ郡ソホ里が水に浸かった。加えて北朝鮮各地で建設中にあった水力発電所とダムが決壊するなど、その被害額はなんと二〇〇余億ウォンにも達した。

自然災害は一九九六年にも続いた。七月二四日から二八日までの五日間に東海岸の平野地帯を除いたほとんどすべての地域で大量の雨が降った。

被害額は三億七千万ウォンに達し、四一の市と郡の二九〇余ヶ所が甚大な被害を被った。ケソン市ウォルゴ貯水池の堤防をはじめ一七一ヶ所あわせて七万二千六八〇メートルの堤防が決壊した。そして二九〇ヶ所の五万一千八六〇メートルの道路がズタズタになった。ピョンヤン―ケソン高速道路では二千平方メートルの土砂が崩れて交通がマヒした。ピョンヤンイ―ヘジュ鉄道区間の鉄橋を含む一四八ヶ所で鉄橋を含め二万八五〇メートルの線路がズタズタになった。この水害のために農業部門では稲五七万四千余トン、トウモロコシ四二万一千トンが被害を被り、その被害額は五億四千八五三万余ウォンに達した。

一九九七年の初夏には日照りが続き、六月二日から七月一九日にかけての五〇余日間、北朝鮮全域に一滴の雨も降らず畑作の穀物が枯れ死した。これによってトウモロコシ二一万余トンの損失をみた。八月中旬からは、今度は洪水が襲ってきた。

台風一三号の影響で大きな高潮が押し寄せ、平安南道と平安北道および黄海南道の二〇余の市と郡にある一四〇余の里が被害を被った。急に襲ってきた八~八・五メートルの高波のために、海岸の防波堤が九五〇ヶ所あまりも決壊したが、その総延長距離はなんと八八〇〇メートルにも及んだ。海岸の防波堤を破って流れ込んで来た海水によって、スクチョン郡、ムンドク郡、オンチョン郡、リョンチョン郡、ヨムジュ郡、カンリョン郡、ピョッソン郡、ヘジュ市など西海岸一帯の一〇万七千六〇〇余町歩の農地が冠水した。この他に一万世帯の住宅、保育所、幼稚園、病院、診療所などの公共施設が浸水または破壊され、七八隻の船舶、四〇〇余町歩の養殖場、五千七〇〇余町歩の塩田と出荷待ちの一二万トンの塩が流失し、数多くの機械設備と資材が浸水または流失し、家畜が死んだ。その被害額はなんと数億ウォンにも達した。

相次いで襲ってきた自然災害は、以前には想像も出来なかったほど北朝鮮の生活と経済に甚大な被害を与えた。

中でも最も厳しかったのは自然災害がもたらした食糧難であった。

当時の北朝鮮住民はおかゆを食べることさえままならなかった。多くの人々は飢えに苦しみ、状況が少しましな人でも「代用食品」を食するほどであった。「代用食品」とは、穀物がないので稲やトウモロコシの根、木の皮や葉、甚だしきに至っては泥炭(ピート)を食用にすることをさす。行政府とその傘下の機関は「代用食品」の作り方まで教え、その利用を広めるために講習会を開いた。このような食糧難が襲い掛かるや、空腹を我慢出来ずに家を飛び出す子供、食べ物を求めて散り散りバラバラになった家族、あげくには飢え死にする人までが出る惨事が起きた。このような飢饉は北朝鮮の歴史上初めてのことであった。

自然災害が引き起こした動力不足は北朝鮮経済にブレーキをかけ、より一層の沈滞をもたらした。

炭鉱の浸水と石炭の流失などにより火力発電所は正常に稼動することが出来ず、底を見せた貯水池では水力発電所のタービンを回すことさえままならなかった。また経済の動脈でもある鉄道までが平常どおり運行することが出来ずに物流は遮断され、燃料と原料が滞った工場と企業所が徐々に門を閉めるや、最低限の生活必需品までもが不足するようになった。

アメリカの執拗な経済封鎖に自然災害までが重なった北朝鮮の現実は、本当に惨憺たるものであった。当時、現状中心の思考方式に取りつかれていた人々は、例外なく経済問題から先に解いていくべきであると考えたが、経済問題から先に解いていく道を選択していたなら、おそらく北朝鮮はソ連と東欧共産圏の轍を踏んでいたであろう。

経済の難関に恐れを抱いて後ずさりをするならば、社会主義理論分野からも後退し改良主義に陥りやすい。ユーゴが出した「自治制説」や、ハンガリーから出た「社会主義経済沈滞説」、ゴルバチョフが提唱した「ペレストロイカ」などがそれだ。

経済不況や沈滞を前にして動揺し改革と開放の道を選ぶならば、必然的に防衛産業の弱体化をもたらすことになる。その結果がいかほどに悲惨なものであるかは、以前軍事大国であったソ連の実例が如実に物語っている。

強力な防衛産業を後ろ盾にしたソ連の軍事力は、一九八五年までは五〇五万名の兵員を有しており、戦略兵器の保有においてもアメリカを圧倒していたのみならず、艦船と航空機そして戦車と大砲の保有においてもアメリカを寄せつけなかった。当時アメリカの軍事専門家らも、ソ連の軍事力がアメリカより一〇～一五年先んじていたと評した。しかしゴルバチョフの「改革」・「改編」政策のために後ろに追いやられた防衛産業は衰退し始め、結局ソ連は崩壊後に西側諸国から「張子の虎」や「かかし」と嘲笑されるのに甘んじなければならなかった。

経済が基本なのか、国防が基本なのかという問題は、互いに関連づけて考察しながらも、根本となる問題を基本に据えてこの両方を一緒に解いて行かねばならない。

この二つの内で基本となるのは言うまでもなく国防である。国防力が弱ければ対外関係において自主権を行使することが出来ず、さらに敵の侵略も阻止することが出来ない。国防力をおろそかにして敵国に喰われるならば、経済発展とか国民福利という問題は成立すらしえない。国を失えば国民はすぐに植民地奴隷に成り下がるためである。

経済と軍事との相互関係を考察するにおいて見逃してはならない基本の核心は、国が存在してはじめて国民経済とか国民福利の問題も論じることが出来るという点である。現代の国際政治史の実態と推移、政治における成功の秘訣を完全にマスターした人であれば、このような正しい判断の上に立って軍事重視の政治方式を選ぶことであろう。

北朝鮮の社会主義革命の前に厳しい試練が立ちはだかっていた時、軍事重視の先軍政治の道を選んだのは、このような歴史発展の理にかなった正しい選択だったのである。

（二）　社会主義挫折の教訓から抽出される要求

金正日委員長は「我が党は、我が革命が直面した国際環境と急変する情勢の推移を科学的に分析した結果に基づいて先軍政治を展開しました。」（「先軍革命路線は現今の偉大な革命路線であり、我が革命の百戦百勝の旗幟である」単行本　三〜四頁）と述べた。

先軍政治は現今の社会主義運動の実体とその教訓を反映している政治方式である。現今の社会主義運動は、ソ連と東欧諸国で社会主義制度が崩壊したために紆余曲折を経ている。よってこれらの国で社会主義制度が挫折した原因とその教訓を正確に分析し、これをふまえて理にかなった政治方式を創出しなければ、社会主義運動が再び活気を取り戻して前進することは望めない。

社会主義の運命が「銃と剣」にかかっているという事実は、ソ連と東欧共産圏の挫折が遺した痛切な教訓である。

社会主義政権は「銃と剣」から生まれる。それは社会主義政権がそれ以前に存在した政権とは階級的性格を全く異にした新しい政権、民が主となって造られた政権であるということに起因している。

搾取階級を倒してその上に新たに民が主となった政権を打ち立てるためには、反対勢力との間に熾烈な力の対決を繰り広げなければならない。搾取階級がみずから進んで自己の政権を譲り渡した例は、いまだかってない。自己の政権を保持せんとする搾取階級の必死の反抗は、革命武力の「銃と剣」によってのみ打ち破ることが出来る。このような意味からして社会主義政権は「銃と剣」から生まれるというのである。

樹立した社会主義政権も「銃と剣」によって守護される。それは権力の座から追われた搾取階級の残存勢力らが、外部の帝国主義勢力と手を結んで社会主義政権に反対して立ち上がるからである。ここで主となるのは帝国主義勢力である。帝国主義は社会主義を目の敵にしており、如何なる手段を弄してもこれを倒そうとする。

社会主義制度を守る戦いは軍事対決をともなうだけに、反帝軍事戦線は社会主義制度の存亡をかけた基本戦線となるのである。

このような意味からしても、社会主義政権が「銃と剣」から生まれ出るだけでなく、「銃と剣」によって守護されるというのである。

ソ連と東欧諸国で社会主義制度が崩壊したのは、「銃と剣」から生まれた社会主義政権は「銃と剣」によってのみ保持されるという「銃・剣哲学」の真理を忘却したところにその原因がある。

ソ連と東欧諸国の崩壊は、軍を思想的に武装解除し、軍事分野での改編を通じて国防力を弱体化させ、自衛的な国防力を築き上げる努力を怠った必然的な結果である。言い換えれば、北朝鮮の先軍政治とは反対方向にカジをとったために社会主義制度が崩れたのである。社会主義制度を守り、社会主義運動を活性化させるためには、軍を強化しなければならない。

ソ連と東欧諸国が遺した教訓は、まず、社会主義国家の軍がいわゆる「非思想化」や「非政治化」するならば、思想的に武装解除がしやすくなり、結局社会主義制度が崩壊するということだ。

社会主義国家の軍にとって思想は命ともいえる。社会主義と運命をともにするという思想も覚悟ももたない軍は、けっして社会主義制度を守り通すことが出来ない。ソ連で起きた出来事を見てもそのようにいえる。

ソ連軍の思想的な変質は、フルシチョフの執権当時から始まった。フルシチョフは「平和共存」や「平和的移行」を打ち出し、無階級的な平和を高唱しながら軍人に対する政治思想教育に顔をそむけ、軍人らの反帝思想をマヒさせた。フルシチョフは、ソ連軍内においても自由を束縛する現象をなくし、一般社会のような自由を享受させるべきであるとしながら、軍隊内の党および共産主義青年同盟の活動に制限を加えた。

ソ連軍の思想的な瓦解過程は、ゴルバチョフの執権時により一層あらわになった。ゴルバチョフは党と政権機関の分離を主張しながら、軍隊内の政治機構は改編すべきであるとの口実の下に、総政治局所属の政治機構を行政文化機構に格下げした。これによって軍人らの間で階級意識と反帝精神が徐々に薄まるとともに、厭戦気分や西側の思想と文化が広まり、ソ連軍の戦闘力は麻痺し始めた（図書「金正日将軍　先軍政治理論」三一頁）。

「非思想化」および「非政治化」された軍は、いくら多くとも役に立たない。

社会主義国家の軍を政治思想的に武装解除させれば、軍人らの政治思想的覚悟によって定まる「銃と剣」の的がゆらぎ、軍の戦闘力がマヒして軍としての初歩的な機能も遂行することが出来なくなる。軍の「非思想化」と「非政治化」は社会主義制度の崩壊につながるという歴史の教訓は深刻である。この教訓は軍人を思想と信念の強兵、意思の強卒に育て上げることを目的とする先軍政治の正当性を明確に反証している。

ソ連と東欧諸国での社会主義制度の挫折が遺した教訓は、次に、社会主義国家において軍事力を弱体化させることは、取りも直さず反帝闘争の放棄、帝国主義勢力に頭を下げる投降を意味する。

社会主義勢力と帝国主義勢力は敵対階級の関係にある。したがって社会主義国家の存在自体が、帝国主義勢力との軍事的な対決を前提としている。このような現実に顔をそむけて一方的に軍事力を削減するならば、それは社会主義国家の存在を支えている礎石を自ら抜いてしまうのと同じ行為である。

ソ連の軍事力をそぐという主張は、フルシチョフの執権時から提唱された。フルシチョフは帝国主義勢力の侵略的な本性を見ようともせず、帝国主義勢力との対決を否定した。彼は自分のこのような主張を正当化するために「平和共存」や「平和的な競争」の合理性について説教した。

帝国主義勢力とは平和裏に共存することが出来るという彼のこのような主張は、核戦争に対する恐怖のために反帝闘争を放棄するということを代弁したものにすぎない。フルシチョフはソ連共産党第二一次大会での報告で、核戦争は偶発的な要因により起こり得るとしながら、「冷戦による軍備競争は破滅的な結果をもたらすかも知れない。西側の某所で核ボタンを見守っているある勤務者が精神異常を起こす可能性は充分にあり得ることであり、これによって全世界の人々に膨大な災難をもたらす出来事が発生するかもしれない。」という荒唐無稽な妄想を主張した。

このような考えの下でフルシチョフは、弾丸をバターやクッキーと代替するよう主張しながら、軍縮を通じて削減された予算は経済に回すべきであるとした。彼のこのような主張は結局、反帝思想をマヒさせ、西側に対する幻想と厭戦思想を広め、帝国主義勢力を前にしてむなしく武装解除せざるをえない結果を招いたのである。

ソ連の軍事力の弱体化は、ゴルバチョフの時代に至るやいっそう拍車がかけられた。

ゴルバチョフは社会主義制度の崩壊に的を定めた改革と改編は、軍部の強硬勢力を取り除かない限り不可能であると見てとり、一九八七年五月に起きた「赤の広場飛行機事件」を軍部に対する改編強行の契機にした。

「赤の広場飛行機事件」とは、一九八七年五月二八日に西独のアマチュア飛行士（当時一九歳）が小型機を操って、世界旅行を目的にソ連の上空を犯したのだが、いかなる対空監視網にもかかることなくモスクワの赤の広場に降り立った事件を指す。事件当時ゴルバチョフはベルリンで開かれていたワルシャワ条約機構の首脳会議に参加していたのだが、途中で急遽帰国してこの事件を契機に軍部の改編を断行した。党政治局非常会議を招集して国防相と反航空司令官を罷免し（図書「先軍政治物語」一巻二〇二頁）、軍部内で革命的原則に忠実でかつ強い影響力をもった将官らが大々的に追放された。

ゴルバチョフはこの事件を口実に軍部内の政敵を除去する一方、軍を大々的に縮小して軍需生産を民需に回した。ゴルバチョフは一九八八年一二月の第四三回国連総会の場において、ソ連軍五〇万人の削減と軍需工場の民需用転換を一方的に公言してアメリカの歓心を買った。これにしたがって一九八九年三月二一日、ソ連最高ソビエト常任委員会は軍事力縮小に関する政令を発表した。

政令は「防御原理」に則って、一九八九〜一九九〇年の間にソ連軍兵力を五〇万人削減し、通常兵器と軍事予算を大幅に減らすとした。五〇万人の兵力削減は、ソ連軍の全兵力の一二％にあたる膨大な兵員の縮小である。

ゴルバチョフは帝国主義勢力に譲歩した代価として数多くの恩恵を受けた。

ロシアのレオニド・イバソフは著書「ヤゾフ元帥と不遇な一九九一年八月『反乱』の真実」の中で、ゴルバチョフが西側に譲歩して受けた恩恵について次のように暴露した。

「ゴルバチョフとアメリカ大統領、ゴルバチョフと他の西側指導者との間の親しい関係に、けっして私心が無かったわけではない。韓国の盧泰愚元大統領が一九九一年四月に何の代価としてゴルバチョフに一〇万ドルを与えたのかは今もって知られていないが、私が直接関知している買収とワイロについては口にしたくもない。しかしゴルバチョフに授与された七つのアメリカの表彰と国際賞を分析してみても、それはソ連が行なった一連の譲歩の代価として受けたものであることが分かる。果たして盧泰愚は何らの代価も期待せずに大金を差し出したのであろうか？一九九一年春にソ連の国家安全委員会は、大統領広報部の責任者が外国の記者らにゴルバチョフとの会見の席を設ける代価として、そのつど数万ドルのワイロを受けとっていた情報を入手して大統領にこの事実を報告したが、ゴルバチョフ大統領の反応は神経質的であった。」

一方ゴルバチョフは一九九〇～一九九一年の軍備計画を一四％削減したが、その結果ソ連の一六軍管区のうち二つの軍管区がなくなり、反航空軍では六〇個の部隊、空軍では二つの航空軍、四つの航空師団、一九個の航空連隊が消失した。海軍では二六隻の潜水艦と四五隻の艦船が、戦略ロケット部隊では一〇〇〇基以上のミサイルと三八〇台以上の発射台、三六ヶ所のミサイル基地が廃棄または閉鎖された。また三〇〇余ヶ所の軍需工場が民需工場に転換された。

一九八〇年代の末、ソ連ではゴルバチョフの軍縮処置によって四万余台の戦車をどのように廃棄するのかという問題をめぐって苦心した末に、国際社会に問題の解決を訴えたことがあった。アメリカは戦車に燃料と爆薬の混合物を入れて爆破することを提案した。ポーランドはクレーンを用いて戦車を地上二一メートルに持ち上げて落下させるか、もしくは三〇トンハンマーで潰すのがいいと主張し、チェコスロバキア（当時）は戦車を海に投棄しようと提案して環境保護団体の抗議を受けた。チェコスロバキアは戦車の燃料や液体と塗料を取り除いた後に海の底に沈めて魚の漁礁にすればいいではないかと修正案を出したが、結局ソ連はまず五〇〇〇台の戦車を民需に転用する案を受け入れた。ソ連がこのようにあたかも戦争が永遠に終焉したかのごとく、戦車の破棄問題に取り組んで国際的な論議までおこしたのは、帝国主義勢力に対する投降行為の極みであった。

事実ソ連は一時核大国としてアメリカが恐れた存在であった。核大国としてのソ連の威力は「核トランク」という言葉の中に集約されている。ロシアのレオニド・イバソフの著書「ヤゾフ元帥と不遇な一九九一年八月『反乱』の真実」には、ソ連が「核トランク」を保有するに至った動機について次のように記されている。

「一九八〇年代はじめにアメリカ大統領の『核トランク』が造られた。当時国防相と国家安全委員会の委員長の主張により、ソ連指導部もミサイルの飛行時間が短いという事由から、やはりそのような装備を調えておくことにした。ソ連共産党中央委員会は内閣との共同決定を採択して、このような装備を開発する事業を進めていった。このようにしてソ連の科学者は軍事専門家らと力をあわせて『党と政府が下した重要な課題』を成功裏に遂行して、一九八四年から国家と党と軍の要人らが旅行する際、多数の専門家を乗せた乗用車と『核トランク』をたずさえた要員が同行しはじめた。国家の首脳が何時そして何処へ行こうともこのような要員が常に後を追った。ミサイル攻撃に関する総合的な情報手段をそなえたこのトランクは、敵の核攻撃に対する情報をわずか数秒内に受け取ることが出来るだけでなく、わずか数秒の間にその情報を自動的に交換し、必要によってはミサイルを発射することが出来るようになっている。」。

この「核トランク」という単語は、ソ連が核大国であることを象徴する言葉として広く通用した。しかるにゴルバチョフのような反社会主義者らによって、アメリカをあれほどまでに戦慄させたソ連の核トランクは、無用の長物と化したのである。

東欧諸国での社会主義制度の挫折が遺した教訓は、次に、国防を外国に依存するということは、取りも直さず亡国の道であるという事実である。

国防上の問題は、国の命運に関わる死活問題である。歴史をひもといてみても、軍事を疎かにして他国に隷属しなかった国を探し出すことは出来ない。自衛を実現するのは、自主独立国家を創建し経営する上での最も基本的な原則である。

帝国主義勢力が残存しておりそれと結託した反革命勢力が存在する限り、自主独立国家の存在とその活動は、ひとえに自衛的な国防力によってのみ確実に保障される。他国の軍事力を頼みにして国の安全を保持しようとする試みは、完全無欠な安全保障とはなり得ない。

以前東欧の社会主義諸国は、通常の国家政策は言うまでもなく重要事案の過半までもソ連に依存していた。これらの国では自らの政策を打ち出せずに、すべてソ連の指示通りに動いた。

東欧共産圏の首脳らがソ連を崇拝し事大主義にとりつかれてソ連に追従したのは、第二次世界大戦の時に自力で帝国主義勢力と戦って独立を勝ち取った国ではなく、ソ連によって解放され政権を樹立したことと関係がある。

東欧諸国は特に国防上の問題を、主にワルシャワ条約機構に加入する方法で処理していた。ワルシャワ条約機構は、ソ連が統率する東欧共産圏の集団安保機構である。ワルシャワ条約機構合同軍の総司令官のポストは、自動的にソ連国防省の第一次官が占めるようになっており、ワルシャワ条約機構はソ連の海外司令部のような役割を果たした。結局この機構に加盟するということは、ソ連に自国の安全保障を託したということでもあった。

東欧共産圏の軍部の中枢のうち、大多数がソ連で軍事教育を受けた軍人であった。一九九三年にロシア国防省が出した資料によれば、ソ連の六五ヶ所の軍事教育機関で七〇年間に六〇〇〇余種の専攻分野にわたって、七七ヶ国から来た二四万人の外国軍人要員を養成したという（図書「社会主義とともに不滅の物語」一一九頁）。

これら軍の高位将官の大部分はソ連国防省と人脈でつながっており、ソ連の指揮に従って動いていた。したがってゴルバチョフはソ連軍部とワルシャワ条約機構を掌握し、東欧共産圏の軍部を動かす方法でこれらの国々での改革と改編を誘導したのである。自衛的な国防力を保有する努力をせずに、ソ連の核のカサに依存した東欧共産圏は、結局ゴルバチョフと運命を共にすることになる。

ソ連に依存した東欧共産圏における防衛体系の問題点は、当地に駐屯していたソ連軍が撤退した時に如実に表れた。

ゴルバチョフは一九八八年一一月の国連総会で、ソ連軍の通常兵器を一方的に削減すると発表しながら、東欧共産圏からソ連軍を撤収させる旨を宣言した。一九八九年五月五日にソ連軍の戦車師団と対空ロケット部隊がモンゴルから撤退したのを皮切りに、チェコスロバキア（当時）では一九九〇年五月末までにソ連軍の第一次撤収が終わった。ソ連は一九八九年にベトナムのカムラン湾から「ミグ23」などの戦闘機を撤退させ、ハンガリーからも一九八九年四月に三〇台のソ連軍戦車を載せた初列車がソ連に向けて出発した。これと時を同じくして東独からもソ連軍の撤退が始まった。おそらくゴルバチョフはこのような処置を取ることによって、帝国主義勢力の歓心を買ったのであろう。

しかし東欧共産圏の首脳は、ゴルバチョフに向かって一言も抗弁することが出来なかった。ルーマニアのチャウシェスクただ一人が、NATOの強化に対処してワルシャワ条約軍をいっそう強化すべきであると主張したのだが、ゴルバチョフに押え込まれてしまった。

東欧の社会主義諸国は、ゴルバチョフが自分らを裏切った時にこれといった自衛の軍事力を持たないので抗弁ひとつ出来ずに、ほとんど同時に崩壊してしまったのである。

自衛的な軍事力は、平常時には大国を相手に自分が言いたいことが言える確固たる保障であると同時に、他国の助けを借りることなく自分の国は自力で守り、他国が滅びようとも自国はそれに巻き込まれることもなく、国際舞台でどのような出来事が起ころうとも如何なる影響も受けない、軍事的な支柱である。東欧の共産圏が崩壊するや、アメリカは予想外の収穫に歓声をあげた。

米雑誌「対外問題」は一九九〇年冬号に次のような記事を載せた。

「一九八九年にブッシュは、アメリカの対外政策史上最も大きな地政学的な拾得物を手にした。わずか六ヶ月の間に東欧の共産圏が崩れることによって、ソ連との国際舞台での対決で予想外の成果を得た。一九八九年七月から一二月にかけてポーランド、ハンガリー、東独、チェコスロバキア、ブルガリア、ルーマニアで共産主義者のリーダーらが追放された。これらの国で樹立された新しい政権は、民主主義政治と市場経済の導入を公約に掲げており、ヨーロッパからソ連の撤去も進められている。このようなすべての出来事をブッシュは、銃を一発も撃たずに手にした。」。

東欧の共産圏で起きた事変は、国は自力で守るという自衛が取りも直さず国家の命であるという教訓を肝に銘じさせる一方、自国が保有している革命軍を思想の強兵、無敵必勝の強卒に育て上げ、全国民を武装し、全国を難攻不落の要塞に造り変えた北朝鮮の先軍政治が、いかに正しい選択であったかを立証している。

先軍政治は、ソ連と東欧諸国で社会主義制度が崩壊した原因をみつけ教訓を引き出すことが出来る、奥深い真理が込められている政治方式である。

社会主義制度が崩れた原因は、先軍は即ち社会主義であり国民の自主性の実現である、という真理を忘却したところにある。先軍政治の理論には、社会主義制度の崩壊のような悲劇が二度と再現することが無いようにする一方で、社会主義制度が崩れた国で社会主義制度を再生させる道しるべが示されている。このような意味からして先軍政治は、社会主義運動が勝利するための必然的な要求を反映して生まれたといえよう。

先軍政治が社会主義運動勝利のための必然的な要求となるのは、まずそれが、国民の自主性を徹底的に具現した真の社会主義制度を打ち建てるとともに、守護する政治方式になるからである。

社会主義制度は国民の自主的な要求を実現した、最もすぐれた社会制度である。社会主義制度が人間の本性に最もマッチした社会であるだけに、どの社会制度よりも人間の自主性と創造性と意識性が全面的に発揚され尊重される。

現代資本主義社会の最も大きな弊害が、政治生活における反国民的性向と、物質文化生活における奇形化および貧困化にあり、これらは勤労国民の自主性を蹂躙する最大の要因となっている。したがって人間の本性にマッチし、資本主義制度と比べて絶対的に優れている社会主義制度は、決して崩壊することなく必ず勝利することになる。

ソ連と東欧での社会主義制度の崩壊は、人間の本性にマッチした社会主義制度が崩壊したのではなく、社会主義制度を変質させて破局に追いやった日和見主義者の破産を意味するだけである。

これについて一九八九年はじめに「毎日新聞」はある編集委員が書いた「記者の目」と題する記事の中に、「いま資本主義制度が社会主義制度に打ち勝ったというのは正確な主張でない。実際においては、本物の資本主義制度が偽者の社会主義制度を打ち倒したに過ぎない。勝った負けたという見かたは冷戦時代の産物である。実際は資本主義制度自体が大きな危機に直面している。今後は本物の社会主義制度が出現するであろう(図書「友らの称賛」二四六~二七三頁)。

編集委員はこの記事の中で、社会主義という一般的な概念を否定し、西側の人々は資本主義制度が社会主義制度を打ち倒したと言っているが、それは本物の資本主義制度が偽者の社会主義制度を打ち倒しただけのことに過ぎないと言った。すなわち崩壊するような社会主義制度は、もはや本物の社会主義制度ではないと言うのである。ここで彼が言っている本物の社会主義制度とは北朝鮮の社会主義制度を指している。

もちろんソ連と東欧の社会主義制度が本当の意味で社会主義制度とは言いがたい側面をもっていた。これらの国で社会主義制度は、経済中心主義をとっており、官僚主義のために腐った社会主義制度であった。

これに関連して日本のある教授が唱えた主張は意味深長である。彼は一九八九年二月末に沖縄で開かれた日朝社会科学者の学術シンポジウムにおいて、「自主社会主義と市場社会主義」というテーマで研究論文を発表した。氏が発表した研究論文の要点はおおよそ次のようなものであった。

「一部の社会主義諸国で起きた曲折と変化は、社会主義制度一般の崩壊を意味するものではなく、『旧社会主義制度』の崩壊だと言える。『旧社会主義』は『物質中心主義』（経済中心主義）と成長至上主義などの致命的な弱点をかかえている。二一世紀に入って社会主義は、いろいろなルートを経て発展するものと思われる。一つは『伝統的な社会主義路線』であり、今一つは『市場社会主義路線』である。第三は『自主社会主義路線』である。北朝鮮は主体思想を指導指針にしてこの第三の路線を歩むであろう。」

国民中心の本当の社会主義制度を打ち立て、活力がみなぎる中で社会主義運動を前進させるためには、現代の新しい政治学説である先軍政治理論を拠りどころにすべきである。

先軍政治は国民中心の社会主義社会が、その制度の本質的な特徴を保存しつつ一層強化することの出来る政治方式である。先軍時代の国民とは、党と領袖を中心にし軍が核心となってその周りを取り巻きながら固く結束した国民を言う。

反帝軍事戦線が社会主義勢力と帝国主義勢力が相対する基本戦線となっている今日、国民に対する見解を、革命軍を核心勢力とした国民として理解しなければ、社会主義制度の本質的な特徴を正しく理解することは出来ず、社会主義運動を勝利のうちに導くことも出来ない。

このような見解に基づいて現代社会主義を正しく理解するということは、革命軍が社会で先導的かつ前衛的な役割を遂行すべきであるとの見解をもつことを意味する。言葉を換えるならば、社会主義社会の本質的な特徴を軍を中心に据えて理解しない限り、社会主義制度に対する正しい見解をもつことが出来ないということである。

先軍政治において軍は、社会の最も革命的な集団であり、社会主義社会全般に革命的な影響を及ぼすことになる。先軍政治は、革命軍が取りも直さず党であり国家であり国民であるとする。革命武力が強ければ、社会主義制度の本質的な特徴がいっそう顕著になるのはいうまでもなく、党と国家と国民の運命も保護され、国民の自主性を実現する党と国家の政策が円滑に実現し、国民の自主的で創造的な生活が保障される。したがって先軍政治は、国民の自主性を徹底して擁護し実現する偽りのない社会主義制度を打ち立てるための確実な保障なのである。

(三) 人類の平和と正義を守護するための要求

先軍政治は人類の平和と正義を守るための要求を反映して世に出た政治方式である。

金正日委員長は「先軍革命路線・先軍政治は、時代と革命の要求を最も正確に反映した科学的な路線であり、政治方式であります。」（「金正日選集」一五巻三五四頁）と述べた。

現在、人類の平和と正義に危害を加えているのは帝国主義勢力である。ソ連と東欧の共産圏の崩壊をみて、アメリカを頭にした帝国主義勢力は、侵略と戦争による世界制覇の未練を依然として断ち切れないでいる。

このような状況の下で世界の革命的な国と進歩的な人々は、全地球的な規模で平和を守護し正義を守るために先軍政治の道を進まなくてはならない。世界の進歩的な人々の志向と念願が織り込まれた先軍政治を具現する道のみが、人類の平和と正義を守り通すための正しい道なのである。

先軍政治が人類の平和と正義を守り通すために欠くことが出来ない要求となるのは、第一に、それが平和と正義を蹂躙する帝国主義勢力の侵略を破綻させる強力な国防力を保有するようにするからである。

平和国家が国防力を強化するのは、人類の平和と正義を守る上でも重大な問題である。国防力は国と民族の自主性を守る確固たる保障である。強力な国防力を保有すれば国の自主権を守り通すことが出来るが、国防力が弱ければ帝国主義勢力の餌食になる、これが現今の国際社会でまかり通っている厳然たる現実である。

平和を保障するためには国防力の増強が何よりも切実である。

自主的な国民および自主的な国家は平和を志向するが、これを保障するのは生易しいことではない。それは帝国主義勢力が、人類の平和と正義の偉業実現を拒もうと立ちはだかっているからである。侵略と略奪は帝国主義勢力の本性であり生存方式である。このような状況の下で、すでに独立を達成した国は、自主権を固守し革命を推し進めるために国防力を増強すべきである。

国防力を増強することは正義を守り通すための切実な要求である。

国際舞台において正義を守るということは、国家間の関係で公正を保ち、人類が進歩し発展するための保障となる。国際舞台において正義は、元来、自主性を志向する革命的な国家や進歩的な国家の側にある。正義と不義の基準は、国と民族の自主性が保障されているか否かにある。国と民族の自主性が保障されていれば正義であり、蹂躙されていれば不義である。

しかるに現今の国際舞台においては、不義の最大勢力が軍事力を駆使して不当行為をほしいままにすることによって、正義が踏みにじられている。

アメリカは世界で悪の最たる勢力であり、諸悪の根源である。アメリカは力をバックに世界支配の野望を抱いて侵略と戦争の矛先を世界の進歩勢力に向け、侵略と戦争の導火線に火を点ける機会を狙っている。

アメリカは自己の正体を偽るために「人権擁護」や「自由と民主主義の守護」を高唱しながら、力の弱い小国に対しては「悪の枢軸」なるレッテルをはり、ほしいままに干渉と侵略を敢行している。

弱者には強く強者には弱いのが帝国主義者である。帝国主義勢力は強い軍事力を保有し自主性が強い国には、やたらと手出しはしない。アメリカのために国際舞台において正義がもはや正義として存在しえない現今の状況の下では、正義を絶叫するとか、訴える方法では守ることが出来ない。

正義は力すなわち軍事力を備えてはじめて正義として認められ、正義としての影響力を行使することが出来るのである。正義は理路整然とした言葉や本に書かれた表現の中にではなく、「銃と剣」の上にある。先軍政治は帝国主義勢力を銃と剣で押さえつけ、平和と正義を守り通す威力ある政治方式である。

精強な国防力の備えがあれば平和と正義は守られ、そうでない時には、たとえそれが正義であるとしても敗れ去る運命を免れない。これが歴史の遺した教訓であり現実でもある。

一九八〇年代にグレナダとパナマがアメリカの餌食となったのも、軍事力が弱かったためである。

カリブ海の島国グレナダが進歩的な政策を執るや、アメリカは「情勢不安定」や「自国民の保護」を口実にして一九八三年一〇月に一万五千名の遠征軍を送り込み、この国の首相であったビショップを殺害してグレナダを占領した。アメリカの軍事行動は不義の侵略行為であったが、グレナダはこの悲劇を哀訴しようにもする場を持たなかった。アメリカを責める国はなかった。

小国が大国であるアメリカの脅威になるなどと考える国は、国際社会に存在しない。にもかかわらずアメリカは、安保を口実に弱小国に対してありとあらゆる蛮行を犯している。アウトローはアメリカであるといくら口を酸っぱくして言っても通じない状況の下で、正義の側が見出すべき教訓は正義を守り通す「銃と剣」を手にすべきであるという、ただこの一点にある。

アメリカの価値観は、自国の利益が取りも直さず正義であるという観点に基づいている。アメリカに利益をもたらす事柄であればたとえ他国を犯しても正義であり、アメリカの利益に反するならばたとえ他国が正義だとしても、「不義」や「悪」というレッテルを貼り付けられてアメリカの法廷に立つ羽目になる。これがアメリカによって歪められた現今の国際秩序なのである。アメリカによるパナマ侵攻がその実例である。

アメリカはパナマが自分らの意思に従わないとして、一九八九年一二月のある日の夜半に二万二千余の米軍を投入してパナマに侵攻し、パナマの指導者であったノリエガに麻薬犯罪者の罪を着せてアメリカに護送したが、アメリカの法廷は四〇余年の懲役刑を言い渡したのである。

グレナダとパナマがアメリカに狙われたのは、両国がともに反帝自主の精神が強かったからである。グレナダとパナマの悲劇は、アメリカのような帝国主義勢力が国際舞台で乱舞している今の情勢下では、強力な軍事力を持たなければ平和も正義も守り通すことが出来ないという教訓を与えている。

事実アメリカは第二次世界大戦後、世界の至る所で発展途上国を相手に絶え間なく戦争を引き起こしてきた。これについて元米国務長官シュルツは、第二次世界大戦後から一九九一年の初めまで、アメリカは自国の「経済政治的利益を脅かす事態を解決」するためにという口実を設けて、発展途上国を相手に実に一八五回に及ぶ軍事力動員を行って平和をかく乱し破壊してきた、と吐露した。

ソ連の崩壊とともに冷戦が終焉した後もアメリカの侵略的な本性は変わることなく、むしろ世界制覇を企てた彼らの侵略と戦争は益々横暴になった。

米ソの対決構図が崩れるやアメリカは、「世界一体化戦略」を実現するためによりいっそう力の政策にしがみついた。アメリカが求めたのはただ一つ、アメリカ主導の世界秩序に従順するか、さもなければ地球上から消え去れ、というものであった。これを拒む国には必ず「力の洗礼」を加えねばならないというのがアメリカ式のアウトローの論理である。

ソ連崩壊後に世界の「唯一超大国」となったアメリカは、あれこれの口実を設けて湾岸戦争とユーゴ戦争を引き起こした。

一九九一年一月一七日の明け方、米軍は四五万名の兵員と一三〇〇余台の戦闘機、一五〇〇余台のヘリ、一〇〇〇余台の戦車、二〇〇〇余台の装甲車などを投入してイラクを相手に湾岸戦争を引き起こした。

当時イラクの軍事力は無視出来ないほどのものがあったが、イラク軍の将兵らに決死の覚悟が欠如していた。自主権を侵害する敵とは命をかけても戦って勝とうという意思と敵に対する憎悪が無ければ、百万の大軍も瞬時に烏合の衆と化す。イラクがあれほどの軍事力と経済力を擁していながら敗北の憂き目にあった原因の一つがここにあった。

湾岸戦争でイラクが受けた恥辱は、敗戦からくる恥辱だけではなかった。アメリカは湾岸戦争を通してイラクを、あたかも猫の手中に落ちたねずみのように見下して扱った。アメリカは湾岸戦争後も、「武器査察」に対して「不誠実」だといいがかりをつけては軍事打撃を加えた。結局イラクは敗戦国としてアメリカから諸々のあなどりとあざけりを受けざるを得なかったのである。

アメリカがNATO軍を引き連れてユーゴを空襲したのも、軍事力が弱かったこの国を甘く見ていたからである。

一九九九年三月二四日に米軍とNATO軍が火をつけたユーゴ戦争は七八日間続いた。この期間に一二〇〇余台の航空機が二万五千余回にわたって無差別空襲を敢行した。米軍とNATO軍側は二〇〇〇余基の巡航ミサイルも発射した。

この時にユーゴの人々は、NATO軍の空襲に対抗して「人間の盾」となって祖国を守ろうとした。しかしこの「人間の盾」は弱者の反抗に過ぎず、敵軍には何ら影響も及ぼさなかった。

結局コソボを米軍とNATO軍側に明け渡す羽目になり、加えて反帝闘士として敬われていたこの国のミロセビッチ大統領までが戦犯としてオランダの国際裁判所の被告席に座る憂き目にあい、憤懣やるかたない中に死を迎えねばならなかったのである。

ユーゴは一万二千メートルの上空を飛来してくるNATO軍の航空機と三〇〇キロメートル離れたNATO軍の飛行場、周辺海域であるアドリア海に停泊している米航空母艦をはじめとする軍艦に打撃を加える対空火砲やミサイルの備えが無かったため、一方的に攻撃を受けたまま敗れてしまった。

これについてユーゴの外相は「我々はこのたびの戦争を通して自衛的な軍事力増強の必要性を痛切に感じ

た。周辺国家はＮＡＴＯ軍に加勢し、あれほど頼みにしていたロシアまでも助けの手を差し延べないのを見て、本当に胸が痛んだ。結論は何にもまして自国の軍事力を増強すべきであるということだ。この道だけが生き延びる道だ。」と言った。

ユーゴ戦争はアメリカ軍とＮＡＴＯ軍が一緒になって引き起こした戦争というのが通説であるが、実は自国の利益のために巧妙に仕組みＮＡＴＯ軍を引き込んで起こした、アメリカが主管した単独戦争であったと言える。

それは七八日間に費やされた戦費の大部分をアメリカが出したことからも知れる。米ＡＢＣテレビは、ユーゴ戦争で費やされた四〇億ドルの戦費の内、アメリカが出したのは三〇億ドルであると報道した。

アメリカがユーゴに侵攻した理由を、ミロセビッチ大統領がアルバニア系のコソボ住民を弾圧したという点、それ以前にボスニア戦争を引き起こしたことと独裁政治を敷いたという点を挙げ、この地域の平和と団結のために戦争が必要であったとした。アメリカが戦争の大義名分としてあげたヨーロッパの平和と団結は、ユーゴを攻撃するための口実に過ぎなかった。戦争を起こした本当の目的は、アメリカが自国の経済的利益を追い求めたところにあったのである。

これに関して一九九九年四月一七日付ロシアのある新聞は「アメリカは現在、株式に対する投資心理と投機性の短期資本の急激な流入によって極度に加熱している。例えば、中東は約六千億ドルに達するオイルダラーを、海外投資機関は一九九七年〜一九九八年の間にアジアとロシアそしてラテンアメリカの金融市場から二千五百億ドルもの資金を回収してニューヨークの証券市場に投資した。アメリカはすでに一九二九年に起きた大恐慌の時と、一九八〇年代半ばに株価が急激に暴落し、一九八七年一〇月にはニューヨーク証券取引所のダウ平均株価が数時間の内になんと三〇％も値下がりするというにがい経験をなめている。しかし今回の状況は、その時よりもずっと不安かつ危険であるとみなされた。一方アメリカは、ヨーロッパの対米輸出を伸ばし、増加したNATO費用を補うために独マルクなどの米ドルに対する為替レートを引き上げたが、このような処置もニューヨーク証券取引市場の不安のためこれといった好材料にはならなかった。したがって米行政府は、海外資金の急激な流出にともなう経済の破綻を阻止すべくユーゴ戦争を引き起こしたのである。」

ロシアの新聞が明らかにしたように、アメリカがいくらそれらしき大義名分を唱えても、ユーゴに対する侵略を正当化することは出来ない。

帝国主義勢力は元々、資本の増殖のためには手段と方法を選ばない。帝国主義勢力のこのような気質は、産軍複合体が出現するに及んでいっそう猛々しくなった。事実、帝国主義勢力の命脈は産軍複合体が握っており、戦争はこの産軍複合体にとって死活にかかわる要求となっている。

第二次世界大戦後に出現したこの産軍複合体は、国家独占資本主義の特殊な存在方式として生まれ、社会生活全般にわたって莫大な影響力を行使し、事実上「国家の中の国家」として振舞っている。産軍複合体の本質は独占資本と軍部の結託にあり、ここで核となるのは軍需産業である。産軍複合体は軍需産業の拡大と増進のために戦争を必須とし、帝国主義国家に影響力を行使してこれを実現してきた。これがアメリカを頭とした帝国主義国家の侵略と略奪の構造であり生理なのである。

今日、アメリカが戦争狂として、世界の至る所で起きている戦争の張本人として登場しているのは、アメリカ自体がこのような侵略と戦争の胎児を孕んでいるところに根源がある。

したがってアメリカが専横をほしいままにしている現今の国際社会で生きていくためにも、国防力の増強が必要なのである。防衛能力が無ければ他にいくら優れたものが多くあっても、それが光を放つことは出来ず、戦争の惨禍を避けることも出来ない。セルビア人はユーモアを好むロマン的な民族であるが、胸の張り裂ける恥辱を味わう憂き目から逃れることが出来なかった。

侵略と略奪を本性とする帝国主義勢力と平和と正義を志向する人類の自主偉業が、両立するわけが無い。アメリカは二〇〇一年の九・一一事件を契機にして「テロとの戦争」という口実の下に、侵略的な本性を再びあらわにした。

九・一一事件以降アメリカの最初の餌食となったのはアフガニスタンであった。

アメリカはアフガニスタンを攻撃するために、B—五二戦略爆撃機をはじめ一〇〇余機の戦闘機をアフガンとその周辺地域に展開させ、アラビア海北部の海上に空母「キティホーク」などの艦船を集結させ、パキスタンには米軍特殊部隊を配置した。

その一方でラムズフェルド米国務長官は、中東と中央アジア諸国を飛び回って「この度の戦争では中立など有り得ない。」と自説を力説してこれらの国を「反テロ戦」に引き入れ、ウズベキスタンなどの中央アジアの国々に一〇個師団の米軍を投入した。

このようにしてアフガン周辺の海域と地域には、艦載機二五〇機を搭載した四隻の空母をふくめて四〇余隻の米艦船と三〇余隻の英軍艦船（その内、空母一隻）、そして数百機の航空機が集結し総勢五万五千の兵力が戦闘態勢に入った。資料によれば、この時期にアフガンから九〇〇キロメートル範囲内に集結した米軍の総兵力は一八万名に達したが、地上軍三万名のうち二万名は特殊部隊員であったという。

この戦争には、英国や豪州そしてドイツなどの西側国家とロシアが加勢した。一方アメリカは、タリバン政権の反対派である「北部同盟」（一万五千名の兵力を保有）を盾として前線に押しやった。

一万五千名の正規軍と六千名の非正規軍からなるタリバン軍は、八五台の戦車、戦闘用車両に改造した乗用車三〇〇台、一八〇門の砲と三〇〇門の迫撃砲、それにソ連軍が残していった旧型ヘリ一二機、旅客機五機を保有していた。これにパキスタンから来た二千名の支援兵を含めた七千五百名のアラブ系のアフガン人がタリバン側について戦闘に参加した。

アメリカは「九・一一事件」から二六日経った二〇〇一年一〇月七日、ビン・ラディンを虜にするという口実を設けてアフガン戦争に火をつけた。アメリカは反テロ戦の連合勢力と圧倒的な軍事力をバックに、みすぼらしい軍事力しかもたないタリバン政権をたやすく崩壊させ、二〇〇二年一月には終戦を宣言した。

アフガニスタンは海抜二〇〇〇〜三〇〇〇メートル級の険しい山と流れの速い川、変わりやすい天候と厳冬などにより、外国の侵略を阻止する上では地理的に有利な地形になっている。また民族性の強いアフガニスタンの人々は、長期間にわたる大小様々な戦争と内乱に苦しめられながら鍛えられたが、結束力と軍事力が相対的に劣っていたために、五年間にわたったタリバン政権のアフガン統治はここに幕を下ろしたのである。

金正日委員長の先軍政治は、平和と正義を守るためには帝国主義勢力との戦いで、必ず勝たなければならないという真理を世界の進歩的な人々に教えている。よって北朝鮮の先軍政治は今日、世界の関心事となっているのである。

世界中の数多くの政界や社会文化界の人々は、北朝鮮の先軍政治に賛辞を送っている。

シンガポールのある財界人は、「金正日国防委員長の政治はまさに独特そのものだ。他の国では先軍という言葉すら考えもつかない。北朝鮮の政治こそ国際社会が見習わなくてはならない政治方式であるということを肌で感じるようになった。私はアメリカが北朝鮮にむやみに手を出せないでいる原因が、他でもない先軍政治にあると考える。」と言った。

また北朝鮮駐在のアラブ圏のある外交官は「金正日委員長の先軍政治のおかげで北朝鮮は、世界の強国に数えられるようになった。北朝鮮を理解しようとするならば、先軍政治を知らなければならない。」と述べた。

北朝鮮駐在のある外交官は「革命を推し進める上で重要な問題が三つ持ち上がる。第一は指導部の選択であり、第二は軍が強くなければならず、第三は目標を正しく定めることである。北朝鮮には金正日委員長がいるからこの三つの問題が解決した。先軍政治が行なわれている北朝鮮は、常に勝利するであろうと確信する。」と言った。

北朝鮮を訪れた香港からのある観光客は「北朝鮮の軍事力が強いということは、ここ数年間に起きた国際情勢の変化を見ても充分に分かる。北朝鮮はイラクやユーゴやアフガンとは異なり、アメリカのいかなる軍事的圧力や内政干渉にもかかわらずアメリカに堂々と向かい合っている。これは北朝鮮が強い軍事力を保有し、国民が領袖と祖国を守ろうとする犠牲精神を持ち、相手が誰であろうとも戦って勝つことが出来るという自信があるからである。」と言った。

先軍政治が人類の平和と正義を守り通すために欠くことが出来ない要求となるのは、第二に、軍を核にした国と民族の主体勢力を強化することが出来るからである。

金正日委員長は「時代環境の変化と現実の状況は、独占資本の支配と帝国主義勢力の侵略と戦争に反対する広範な大衆を意識化・組織化し、その中から核心部隊を育て、革命勢力を拡大強化させるための新たな思想理論と戦略戦術を求めています。」（「先軍革命路線は現代の偉大な革命路線であり我が革命の百戦百勝の旗幟である」単行本八頁）と述べた。

戦争を防止して平和と正義を守るためには、自分の力が強くなければならない。人々は国と民族の枠の中で生活するので、国際舞台において平和と正義を守る勢力も国と民族を単位として構成すべきである。このように構成された主体勢力は、平和と正義を守る基本勢力となる。

他国や他民族や国際機構は、それがどのようなものであれ、自国と自民族の平和と進歩と正義を守り通すことが出来ない。大国だからと言って小国の平和を保障するとか、国際機構だからといって国際的な公正の原則に則って小国の要求を無条件で受け入れることはない。

ソ連の崩壊後、力の均衡が崩れた国際舞台において、主体勢力が弱ければ何時アメリカの餌食になるか知れないというのが現今の状況である。国と民族の主体勢力を今日の時勢に合うように調えてはじめて、自衛を保障する強力な力となりうる。このことはアメリカの世界制覇の野望が、主に軍事手段に訴えることによって実現していることに関わっている。アメリカのこのような行為は、軍事力が帝国主義勢力の力の源であるという観点に基づいている。アメリカのこのような行為に立ち向かって自国を守り、国際舞台において自主権を行使しようとするならば、軍を核にした主体勢力を育て上げねばならない。

自主を志向する国のリーダーが、軍の掌握もままならず、軍を中軸にした主体勢力を強化することも出来なければ、結局政権が脅威にさらされることになる。チリの大統領であったアジェンデが、親米派のピノチェトに政権を奪われたのがその良い実例である。

一九七〇年九月から一九七三年九月までチリの大統領として政務を執ったアジェンデは、国の自主性と社会の進歩のために努力した人物であった。彼は一九七〇年九月四日、大統領選挙の最終結果が発表された日の歓迎集会で「サンチアゴの皆さん、私は皆さんと胸襟を開いて話をしようと思います。我々は搾取と圧迫のないチリのために勝利しました。私はこの勝利のために犠牲と血をささげた数多くの同志、この国の名もない虐げられた人々、踏みにじられたこの国の女性らとともにモネタ大統領宮に入ることでしょう。」と言った。

アジェンデは数世紀の間、帝国主義勢力の支配と略奪、虐待と蔑視、貧困と死の長夜の中でもがきつづけたチリを、社会主義の道に導こうとした。彼は就任後、アメリカと結託した国内の独占資本家らの支配に終止符を打ち、民族経済を立て直し、働く人々の民主的権利と生活条件の改善を目指して色々と進歩的な社会改革を推し進め、自主的な対外政策を実施した。

アジェンデの執権後、彼の進歩的な政策に不満を表したアメリカは、アジェンデ政権の反対派をそそのかして彼を殺害した。結局執権三年後、ピノチェトの軍事クーデターを防ぐことが出来ずに六五歳で尊い命を失った。

アジェンデが政権を失うことになったのは、「銃と剣」を重視せず、軍を掌握することが出来なかったためである。

もしアジェンデが「銃と剣」の上に社会的進歩があるという真理を肝に銘じていたなら、アメリカの干渉から社会的進歩の道を守り通したことであろうし、ピノチェトの軍事クーデターも成功がおぼつかなかったであろう。

チリ革命の失敗の原因は、また、アジェンデが国民の間に広がっていた崇米思想を根こそぎにすることが出来ず、社会的進歩を推し進める上で国民を一致団結させることが出来なかったところにある。

アメリカと地理的に近いチリはアメリカの影響を強く受けており、またアメリカがチリを狙っている状況で、アジェンデは反帝反米の旗印の下にチリ国民を結束させ、アメリカの内部かく乱作戦に対処すべきであった。これを怠った結果、一九七三年九月一一日の朝、ピノチェトはアジェンデがいる首都サンチアゴのモネタ大統領宮に対する攻撃を敢行できたのである。

チリ革命の挫折は「銃と剣」のみが進歩的な人々の正義であるという貴重な経験を遺した。

先軍政治には、現代政治史に記された数多くの教訓から得た奥深い真理が織り込まれている。

先軍政治は帝国主義勢力をけん制する政治方式である。死を覚悟した者にかなう者はこの世にいないように、死を覚悟した軍が打ち勝つことの出来ない敵はこの世に無い。世界革命史は、軍の威力が軍備にではなく軍の精神力にあることを明確に立証している。これは朝鮮の場合をとってみても明らかである。

軍国日本が「滄海之一粟」と比喩した金日成将軍の抗日遊撃隊は、このような覚悟で関東軍と戦い、さる朝鮮戦争の時に北朝鮮の人民軍は、世界最強と豪語していた米軍を頭とする連合国軍と戦ってこれを打ち破るという、新たな神話を作り出した。

日米の二大帝国主義勢力と相次いで戦って勝つことが出来た勝利の秘訣は何処にあるのか？　それは偉大なリーダーの指導の下に団結した軍民が、全員こぞって死を覚悟して戦ったところにあった。

帝国主義国の軍人には、命を賭してまで戦うという意志が無い。いかなる最先端兵器で武装した帝国主義軍隊との戦いといえども、先軍政治が敷かれているかぎり反帝闘争での勝利は必然的である。

先軍政治は軍を、不敗の意志をもつ革命軍に育て上げる政治方式であり、さらに軍と国民の意思を一致させて諸々の問題を解決して行く政治方式である。軍とともに全国民が生死を決する覚悟をもって反帝闘争に臨むならば、千万の大敵といえども打ち破ることが出来る。したがって帝国主義との戦いに勝つためには、このような先軍政治を実現することが切実に求められる。

先軍政治は帝国主義勢力の強硬路線には、超強硬路線で立ち向かう政治方式である。

現今の帝国主義勢力は、力の論理のみを認める覇権主義である。現代帝国主義は、自主的な国々に対しては核兵器で脅しをかけている。アメリカは相手が譲歩すればするほど、いっそう強奪者の論理で世界制覇を目論む。このような帝国主義勢力との戦いにおいて、一歩の譲歩は百歩の後退につながり、さらには民族の尊厳までが踏みにじられる。

覇権主義を提唱する帝国主義勢力に堂々と立ち向かえるのは先軍政治だけである。特に帝国主義勢力の強硬路線には超強硬路線で対応するのが勝利をもたらす道であることを示す政治が、他でもなく北朝鮮の先軍政治なのである。

事実、先制打撃を主張し、第二次朝鮮戦争の青写真とも言える「作戦計画五〇二七」を公開して北朝鮮を威嚇したアメリカの強硬策は見るからに恐ろしげであった。しかし北朝鮮はアメリカよりも一枚上手であった。「我が革命武力は、アメリカの挑戦に対して微塵も容赦せず殲滅的な打撃で答えることをここに厳粛に宣言する。米帝は無主孤魂（ここでは戦死者の骨を拾う人も無く魂がさまようとの意味）の運命から絶対に逃れることが出来ないであろう。」という超強硬の姿勢をみせるや、結局、米国務長官オルブライトが北朝鮮を訪れるほか道が無かった。

軍事力ではアメリカと対等か、もしくはそれを上回っていたといえるソ連もアメリカの威嚇に屈服したが、北朝鮮が単独で超大国アメリカと対峙して連勝している秘訣は、すべて先軍政治にある。

先軍政治が人類の平和と正義を守り通すために欠くことが出来ない要求となるのは、第三に、先軍政治がアメリカの「世界一体化戦略」をけん制し、自主の新しい国際秩序を構築するための保障となるからである。

今日人類の平和と正義を守る上で持ち上がる重要な問題は、国際秩序を人類の自主的な要求に合わせて正すことにある。

自主は個人と国家および民族のみならず人類の志向でもある。国際秩序を人類の自主的志向にマッチするよう再構築しようとするならば、帝国主義勢力の侵略と戦争を無くし、国家と民族の間に自主と平和と親善の関係が確立されなければならない。国家と民族の間の自主と平和と親善の関係は、不平等な古い国際秩序と構造を崩して平和と正義が支配する新たな国際秩序を創り出すための確固たる礎となる。

新世紀に入っても帝国主義勢力による人類の理想と志向に相反する干渉と侵略行為が荒々しく横行し、国家と民族の間に自主と平和と親善の関係が正しく結ばれていない。したがって人類の志向にマッチした新たな世界を創り上げようとするならば、力の均衡において帝国主義勢力よりも上に立たなければならない。

先軍政治はまさに、帝国主義勢力を圧迫する政治方式である。したがって世界的な範囲で先軍政治が実現するならば、帝国主義勢力の専横は影をひそめるであろう。

今日の国際社会は、アメリカを中心に一体化された世界として構築されたところに特徴がある。したがって国際社会の構造上の変化から見る限り、進歩的な人々にとっては最も不利な時期である。

今日まで国際社会の構造は、色々な勢力の力と利害関係によって多様に変化してきた。二〇世紀には支配と隷属を目的に帝国主義列強が、植民地の争奪戦と世界制覇を巡って激しく戦った。第一次および第二次世界大戦の結果、社会主義国が出現して世界的範囲で社会主義ブロックが形成され、帝国主義勢力の植民地統治が崩れたのは、国際社会の構造上の変化から見る時、良い徴候であった。

当時はソ連を中心とした勢力とアメリカを頭にした帝国主義勢力、そして自主を志向する第三世界が国際舞台において独自の勢力として登場した。この時期は主に米ソの対決と競争によって彩られるが、ソ連が崩壊した後にはアメリカが国際舞台で主導権を握るようになった。

これによって冷戦は終焉したが、国際舞台では以前にも増して支配と隷属、侵略と戦争、紛争と対決が一段と激しさを増した。これは平和と正義に満ちた新たな国際社会を創り上げる上で大きな障害となった。

平和と正義に満ちた新たな国際社会とは、世界的な規模で安定と平和が保障され、全ての国で自主権が保障される国際秩序が打ち立てられることを指す。このような国際秩序を構築しようとするならば、世界は多極化へと進まなければならない。世界の多極化はアメリカが主導する世界の一体化を無力化させる効果的な方法である。

金日成主席は以前、アメリカを中心にした世界の一体化より多極化のほうが良いということを「憲兵隊長」にたとえたことがある。

金日成主席は一九九一年三月二九日、地中海の島国マルタ共和国の代表団との会見の席上で、特定の一国が専横に振舞うより、多極化の時代に移行するのが良い。すなわち一人が「憲兵隊長」になるよりも、多くの人が「憲兵隊長」になるほうが良い。「憲兵隊長」が多ければその力は互いに相殺けん制されるので、悪漢の「憲兵隊長」が一人天下で悪事を働くよりましであろうと述べた。

平和と正義に満ちた新たな国際社会を創り上げる上での主な敵は、冷戦が終焉した後も世界で唯一の超大国と自認しながら、自国が主導する世界の一体化を実現しようと狂奔しているアメリカである。

冷戦が終わった後、アメリカが敢行したありとあらゆる干渉と専横そして侵略と戦争は、自国が支配する一体化した国際社会を造り上げる上で障害となる国と民族を除去することに目的が置かれていた。

これについて世界の多くのマスメディアは「極度に傲慢な一国主義を唱えたアメリカの専横と独断によって、今日の世界は中世のような無秩序が生み出され、国際法は完全に無視されている。」と憂慮の声をあげた。アメリカは、国連憲章をはじめ現存する国際法と国際機関は、自国の利益のためにのみ必要であると考えており、世界を牛耳るための手段として悪用している。

米上院外交委員会の委員長であったヘルムズは、国連安保理で「国連はアメリカの意思にしたがって改革を進め、『アメリカの効果的な外交道具』にならなければならない。アメリカの国内法は事実上国際法より上位にあり、他国に対するアメリカの行動は国連の委任を必要とせず、国連はアメリカの政策に対して意見を発表する権利すらない。」と言い放ったほどである。

これはアメリカが世界に君臨するのが当然であるとするアメリカの傲慢さを表している。国際世論はこれに大いなる驚きを表し、「アメリカは世界を奴隷制社会に退行させようとしている。」と糾弾している。アメリカ統治者らの政治に関する認識および政治方式はまさにこれほど傲慢である。

アメリカ市民が「暗黒の火曜日」と呼んでいる「九・一一事件」も、アメリカの一方的かつ傲慢な行為に対する世界の反感がその根源にある。外電は「『世界一体化戦略』の実現を推し進めるアメリカに対する象徴的な攻撃」、「ミサイル防衛計画の強行のようなアメリカの傲慢な外交政策がもたらした攻撃」と報じた。しかしアメリカは「九・一一事件」をもって教訓とする代わりに、この事件を他国に対する軍事行動を正当化する機会として逆転させたのである。

アメリカが騒ぎ立てる「反テロ戦」とは、アメリカが思うがまま、どの国であろうと侵略し圧迫する上でまたとない大義名分となった。アメリカのこのような奸計を見破ることが出来ずに「反テロ戦」に同調するのは一種の助長行為であり、このような現象が現れているのが現今の国際社会における悲劇である。

世界制覇を成し遂げるためにアメリカは、大国であろうともはばかることなく攻撃対象としている。アメリカはロシアや中国をも核攻撃の対象に入れるなど核兵器の使用範囲を拡大させており、核の先制攻撃を政策化した。アメリカが「反テロ戦」を拡大させる戦略をとるや、平和と正義に満ちた新たな国際社会を志向する世界的な流れに大きな逆流が押し寄せて渦巻きが生まれ、国際舞台では平和と安全が脅かされ新たな戦争の危険が増している。

主権国家の自主権と安全が随時に無惨にも侵害され、新たな世界大戦の火種が用意されているのが今日の国際社会なのである。

今や世界の良心に国際正義を訴えるだけでは問題の解決があり得ない時勢である。

今日、世界の多くの国は、アメリカの一国主義と覇権主義に立ち向かうより、経済的な実利を得る道を追い求めている。しかし、傲慢なアメリカの軍事的圧力と威嚇および侵略から国と民族を護り、平和と正義に満ちた新たな国際社会を創る道を歩むには、各国が自国を守る軍事力を育成するほかにはない。先軍政治が追い求めている政治がこれである。

進歩と繁栄を望む国と民族が、平和と正義に満ちた新たな国際社会を創るのに寄与しようとするならば先軍政治を具現すべきである。この道のみが現今の不平等な国際秩序を打ち壊し、国と民族の自主が保障される新たな国際秩序、正義が実現した新たな国際社会を創ることが出来る。

以上が、先軍政治の実施が人類の平和と正義のために欠かすことの出来ない必須の要求となる理由である。

三、先軍政治の特徴

金正日委員長が史上初めて創出した先軍政治は一連の特徴を有している。

金正日委員長は「我が党の先軍政治は歴史の峻厳な試練を通じて検証された必勝不敗の政治であり、革命勝利のための万能の宝剣であります。」（「先軍革命路線は現代の偉大な革命路線であり我が革命の百戦百勝の旗幟である」単行本一頁）と述べた。

先軍政治の本質的内容と真理性、独創性、普遍性を深く把握するためには先軍政治の特徴を正確に理解せねばならない。

先軍政治の特徴は、将軍スタイルの指導による政治方式、社会主義偉業遂行の必然的な道程を具現した完成された社会主義の政治方式、国と民族の限りない富強繁栄をもたらす愛国・愛族の政治、帝国主義勢力が存在する限り揺るぎなく堅持し恒久的に推し進めていく戦略的な政治方式であるというところにある。

(一)　将軍スタイルのリーダーの偉大な政治方式

先軍政治の特徴は、将軍スタイルのリーダーの政治方式であるというところにある。

金正日委員長は「先軍政治は私の基本政治方式であり、我が革命を勝利へと導くための万能の宝剣であります。」（図書「金正日同志の伝記」三巻二八七〜二八八頁）と述べた。

先軍政治が将軍スタイルのリーダーの政治方式であるということは、一口で言って、金正日委員長ただ一人のみが打ち出して実現することの出来る政治方式であると言うことだ。将軍スタイルのリーダーのみが先軍政治を行なうことが出来、将軍スタイルのリーダーの存在なくして先軍政治は成立もせず威力を発揮することも出来ない。先軍政治のあらゆる本質的内容や特徴も正にここに根源をおいている。したがって将軍スタイルのリーダーの政治方式だという特徴は、先軍政治がもつ幾つかの特徴の中でも根本的な特徴、基本的な特徴だと言える。

将軍スタイルのリーダーの政治方式だというこの特徴は、必勝不敗の根本的な保障となる。

一般的に言って政治方式とリーダーは切っても切れぬ関係にある。政治はリーダーによって行われる。それゆえリーダーの特性はその政治上の特性として直接表れ、その政治の成否に大いに作用する。法による政治―法治は主に政治において法の重要性を認識した指導者によって提唱され、道徳による政治―徳治は主に道徳が政治で大きな役割を果たすと見なした指導者によって主張された。

またある政治家は、寛容と凶暴をうまく折衷させた政治が理想的な政治方式であると主張した。このような折衷の統治方式を主張した政治家は、国民を単なる政治の対象としか見ず、凶暴な政治は国民の信望を失わない程度にとどめ、寛容の政治は国民を治める上であまりタガが緩まない程度にとどめるべきであるとの「政治理念」を提唱した。

ある政治家は、王を中心にした政権を強化して国民を弱体化させるのが政治の要領であると主張した。

これらの政治形式や政治方式に関するこれまでの論議は、主に国民の上に君臨した政治家の政治形式や政治方式に関する論議の範囲内に止まっていることを示している。このことからも既存の数多くの政治形式や政治方式が反国民性を帯びざるを得なかったことが分かる。

先軍政治は幾多の政治家によって提唱された反国民的な政治形式や政治方式に終止符を打って新たに出現した最も大衆的な政治方式であり、将軍スタイルのリーダーが推し進める最も威力ある政治方式である。

先軍政治の徹底した大衆性は、国民をして社会の主人としての地位を占め、主人としての役割を果たさせる政治であるのみならず、国民を「銃と剣」をもって擁護する政治であると言う所にある。

このような政治方式は誰もが敷けるものではない。先軍政治は政治と軍事をうまく組み合わせることの出来る政治家、文武を兼ね備えたリーダーのみが打ち出して実現させることが出来る。このような資質と能力を兼備した指導者が他でもない将軍スタイルのリーダーなのである。

将軍スタイルのリーダーの政治は必勝不敗である。それは将軍スタイルのリーダーが国民の自主性を実現させるための革命偉業―社会主義偉業を遂行する上で二本の支柱となる政治と軍事をガッチリと握っているからである。

政治とは取りも直さず力であり、その力での基本が軍事力である。軍事力による裏づけの無い社会主義政治は無気力で失敗を招きやすい。社会主義政治における成功の秘訣は強力な軍事力にある。国民を結束させて社会主義国家建設を勝利の内に率いる社会主義政治は、政治と軍事を上手に組み合わせてはじめて可能なのである。

この見地から見る時、元ソ連国家安全委員会の委員長であったクルツコフの指摘は注目に値する。彼は北朝鮮の先軍政治について注意深く研究してきた。一九九八年九月五日に開かれた最高人民会議第一〇期第一次会議で、国防委員会の権能を強化して金正日委員長を国防委員長に推戴したとのニュースに接した彼は、国防委員会の機構を北朝鮮の先軍政治と関連付けて深く研究した。

彼はこの歴史的な国会が閉幕した直後に国防委員長と会見する機会を得た。彼は金正日委員長に次のように言った。「私は北朝鮮に到着するや否や、社会主義憲法を修正し補充したとのニュースを耳にしてその憲法を真っ先に見ました。憲法は本当に遜色なく改正されました。北朝鮮が修正し補充した社会主義憲法は、二〇世紀の傑作の一つだと思います。一生を国家安全部門で働いて来た私は、本能的に国家安全に関する事柄から先に注意を払いました。憲法はすべてが良く出来ていますが、特に軍事問題を明確にした点が良かったと思います。政治とは取りも直さず力であり、政治の外皮を剥げばすなわち軍事なのだが、その本質が憲法に見事に反映されています。」

政治家が政治と軍事を分離させて純粋に政治だけを重視するとか、もしくは軍事を疎かにするのは、社会主義偉業にとって失敗の出発点となる。

過去に社会主義の国造りに取り組んでいた国々での社会主義制度の崩壊は、政治と軍事を分離させて純粋に政治だけを主張するとか、軍事をなおざりにした結果が招いた必然的な帰結であった。

ゴルバチョフは大卒の生粋の民間人出身で、政治と軍事の適切な組み合わせに社会主義政治の成功の秘訣があるということを理解出来なかった。彼は政治的には鈍才に属する人物であったと言える。

ソ連が崩壊した過程はゴルバチョフが軍事をなおざりにした過程と一致している。軍の縮小や軍の「非思想化」および「非政治化」がその代表的な実例である。ソ連の崩壊は、「銃と剣」の重要さを理解出来ない文官出身者を国民がリーダーとして迎えた時、軍を弱体化させて社会主義制度を滅亡に追い込むという深刻な教訓を遺した。

先軍政治は政治と軍事を最高のレベルで結合させる政治方式である。

「軍事先行」の原則に則って革命と国造りを推し進める上で持ち上がるすべての問題を解決し、革命軍を政治を主導する基本勢力として前面に押し立てた先軍政治の威力の根本的な源が、将軍スタイルのリーダーの内にある。

先軍政治は文武を兼ね備えた将軍スタイルのリーダーの指導の下でのみ実現可能な政治方式である。有史以来色々な類型の政治方式が存在した。しかし社会主義運動史上において先軍政治のような、政治と軍事を最高のレベルで結合させた政治方式が出現しなかった主な理由は、文武を兼備した将軍スタイルの政治家が存在しなかったからだ。

過去に世に知れた政治家だと自称した人も多くおり、将軍と呼ばれた軍事家も少なくなかった。しかし政治に明るければ軍事に疎く、軍事に通じていれば政治に疎いのが普遍的な現象であった。

このことから政治と軍事を適切に組み合わせる問題が長い間未解決となって来た。この後遺症は社会主義諸国において社会主義の背信者らが政治と軍事を分離させ、軍の政治的中立を提唱したところに集中的に表れた。これは政治が力即ち軍事力を背景にした時に成功するという政治の秘訣を良く知らなかったところから発した政治的表現であったか、もしくは帝国主義勢力の歓心を買おうという投降主義姿勢の表れであった。このような類型の政治が社会主義制度を崩壊させたというのが、先軍政治が出現することによって確証された史実なのである。

先軍政治のような偉大な政治方式は、将軍スタイルのリーダーの指導によってのみその威力を発揮出来る。それは将軍スタイルのリーダーのみが軍事に精通し、政治において軍事力が持つ意義と真価を熟知し、軍事中心の観点から政治を行うことが出来るからである。

将軍スタイルのリーダーが軍事重視の政治を推し進めれば、国民の安全と国家の安泰が約束され、対外的にも自主権を行使することが出来、軍を拠りどころにした国内政治も円滑に行なうことが出来る。このような事由から先軍政治が必勝不敗の政治となるのである。

先軍政治が将軍スタイルのリーダーの政治方式であるという特徴をきちんと理解しようとするならば、先軍政治を社会主義革命における革命的領袖観の原理と結び付けて理解することが重要である。

先軍政治は革命的領袖観の原理を具現した政治方式である。

主体思想が明らかにした革命的領袖観とは、革命においては領袖が基本の核であるということだ。勤労国民の闘いにおいて、領袖は絶対的な地位を占め、決定的な役割を果たす。領袖は革命の脳髄であり国家と民族の運命である。国民大衆はどの社会においても歴史の主体であるが、指導と結びつくこと無しには歴史の紛れもない主体とはなれない。国民大衆は指導と結びついてはじめて歴史の自主的存在としての威力を発揮することが出来る。この意味からして指導は国民大衆の生命線とも言える。

国民大衆の死活的要求となる指導は、本質的には領袖の指導を指す。国民大衆が自己の領袖を戴いてはじめて、自分の自主性を悟って革命の道にまい進することが出来、党などの革命組織の指導の下に組織化された勢力として結束するのである。

領袖は国民大衆を組織化し意識化して強力な革命勢力として結束させる領導的役割を果たし、国民大衆の革命闘争の前途を照らす戦略戦術および路線と方針を打ち出し、国民大衆を革命に呼び起こす向導的役割を果たす。

革命闘争において領袖が占めるこのような地位と果たす役割は、誰一人として取って代われない。賢明な領袖の指導を受けられない国民は、脳の無い体と同じだ。偉大な領袖を戴いた国民は、革命の自主的主体となって歴史発展に大きく寄与することが出来るが、凡庸な指導者を迎え入れた国民は不幸を免れない。ソ連と東欧共産圏での社会主義制度の崩壊は、卓越したリーダーを得なかった国民は、孤児の境遇と変わりないことを物語っている。

革命的領袖観の原理は、先軍時代に入って非常に豊富になった。革命的武力に依拠せずには勝利は望めないという命題は、先軍時代に明らかになった革命の原理であり公式である。

社会主義勢力と帝国主義勢力との対決は力の対決であり、反帝軍事戦線は国家と民族の興亡を分かつ基本戦線となっている。軍事を重視せずには革命闘争での勝利は望めない。将軍スタイルのリーダーだけが国民を帝国主義勢力との先鋭な力の対決—軍事的対決を勝利へと導くことが出来る。北朝鮮の現実は、将軍スタイルのリーダーを戴けば反帝軍事戦線で勝利し、平和と安全を享受し、社会主義国家建設を力強く推し進めることが出来ることを示している。

軍事を知らないリーダー、「銃と剣」を手にしない政治家はカカシと同じだ。このようなリーダーを迎えた日には、帝国主義勢力が侵略と戦争をほしいままにしている現今の世界では、国民はまな板の鯉の境遇を免れない。

将軍スタイルのリーダーが先軍時代の革命闘争において絶対的な地位を占め決定的な役割を果たすというのが、主体思想の革命的領袖観が新たに明示した真理である。先軍政治が正にこのような革命的領袖観の新たな原理を具現することによって、将軍スタイルのリーダーの政治方式という特徴を織り込んで革命の実践上で強力な威力を発揮しているのである。

先軍政治が将軍スタイルのリーダーの威力ある政治方式となるのは、金正日委員長によって推し進められる政治方式であるからだ。

先軍政治が実現するには、そのような政治方式が成熟した要求として提起され、政治家によってそれが捕捉され、新たな政治方式として定立されなければならない。ここで基本となるのは政治家の資質と能力である。ある政治方式の出現が成熟した要求として提起されたとしても、傑出した政治家がいなければ新しい政治方式が出現することはない。傑出した政治家のみが、時勢と国家と民族の要求から新たな政治方式を創出しなければならぬ必然性を感知して、身につけている秀でた政治能力を発揮するのである。

政治家が備えた資質と能力がどの程度なのかによって、新たな政治方式に固有な内容が特徴づけられる。先軍政治のような人類史上はじめてとなる新たな政治方式、国民の自主性を擁護し実現させるための「軍事先行」の政治は、抜群の政治力と軍事家としての資質と能力を兼備したリーダーの指導の下でのみ出現し実現する。言い換えれば、将軍スタイルのリーダーでなければ先軍政治のような軍事重視の政治を敷くことが出来ない。

勿論今日まで、軍事を重視した政治家が人類史上に現れたのは確かだ。しかし彼らの大部分は搾取階級の利益を代表したか、ファッショ国家の利益を代表した軍事独裁者、ファッショ独裁者であった。このような搾取階級や反動国家の軍事独裁者らは、歴史を逆戻りさせる反国民的な行為によって人類の糾弾を浴びた。国民の利益を擁護し軍事を重要視した政治家らも歴史舞台に登場したが、彼らは主に政権を奪取する際の武装闘争の重要性の程度を強調したに過ぎない。

人類史上いまだかつて国民の自主性を実現するために「軍事先行」の政治を打ち出したリーダーは出現していない。それは将軍スタイルのリーダーとしての卓越した資質と能力を兼備した国民のリーダーが未だかつて出現しなかったところに原因がある。将軍スタイルのリーダーの資質と能力は、軍をしっかりと掌握し

「軍事先行」の原則に則り政治を老練かつ円滑に行なう抜群の政治力の土台となる。

金日成主席の「先軍思想」と「先軍指導」を引き継いでいく金正日委員長は、将軍スタイルのリーダーの典型である。金正日委員長は、北朝鮮の最高峰―民族の英知と胆力の象徴である白頭山で誕生したパルチザンの男児であり、一九五〇年に勃発した朝鮮戦争の時には北朝鮮最高司令部の作戦テーブルの脇で軍事を習得した軍事戦略家であり、「銃と剣」を友として「銃・剣哲学」と「軍事重視思想」を信奉して来た。

軍事家としての天賦の才能を身につけた金正日委員長の抜群の政治力は、先軍政治を具現する上で貴重な財産となった。

先軍政治を打ち出して推し進める過程で示された金正日委員長の偉大さは、時代と革命の要求、北朝鮮革命がおかれた国際環境、急変する時勢の推移を将軍スタイルのリーダーの非凡な眼目で透視し考察したところに如実に表れている。

帝国主義勢力の包囲網の中で社会主義の旗幟を固く守り、祖国を守護しなければならなかった北朝鮮の内外の状況は厳しくも苛酷であった。ソ連を軸とした東欧共産圏で社会主義制度が崩壊したのを機会に、帝国主義勢力の反社会主義策動は狂奔し、金日成主席の逝去を契機に北朝鮮は「苦難の行軍」に入って行った。このような状況で、北朝鮮が出路となる政治方式をどのように探し出すのかが国際社会での関心事となった。アメリカなどは北朝鮮の「早期崩壊説」を流すやら、「改編」・「改革」へと進むであろうと推測しもした。また北朝鮮は差し迫った経済的な困難を打開するために経済問題の解決に執着するであろうとの推測も出た。しかし金正日委員長は、以前から金日成主席が選択した先軍の道、先軍政治の道へと変わりなく進んでいった。これは将軍スタイルのリーダーが自らの政治的意志を誇示した歴史的な選択であった。

文武を兼ね備えたリーダーだけが、政治とは即ち力であり軍事力であるという政治の神妙な秘訣を会得することが出来、革命武力に依拠してはじめて革命闘争で勝利を得、勝利した革命も守り通すことが出来るという革命の原理と公式を見出すことが出来、軍事を政治の最優先課題として取り上げることによって国も救い革命も活性化させる道を選ぶことが出来るのである。

先軍政治は将軍スタイルのリーダーによって全面的に具現し完成する政治方式である。

金正日委員長は「『銃と剣』を握り締めたことのないリーダーはかかしと同じです。」（「偉大な指導者金正日同志の名言集」・『先軍政治』九頁）と述べた。

先軍政治は軍事力の強化に局限した純粋な軍事施策だけでなく、「軍事先行」の原則に則り軍と社会全般を率いていく全国家的な範囲を包括する政治である。

軍事を第一席に据えて軍の精強化を基本にしながら全党と全国と全国民を動かす業は、並みの政治家には出来ない。軍事に精通し、軍を指導するなかで社会に一般化させるべき問題点を捉えては政策・路線として打ち出し、党と軍と国民を先軍の目標へと志向させる先軍政治のこのような課題は、将軍スタイルのリーダーのみが担い遂行することが出来る。

軍事を知らない政治家は本当の意味での政治家とは言えず、「銃と剣」を掌握しない政治家はかかしと同じである。このような指導者は、軍事重視の政治など考えもおよばない。純粋に文官スタイルのリーダーは、一般的に言って軍事をなおざりにした政治を行なう傾向があり、軍事を重視するにしても軍事に精通して指導するだけの能力がないので、軍事力の強化とか軍の利用程度に止まり、「軍事先行」の政治システムを作り上げてこれをバックに国と民族と革命の運命を担ってまっすぐに切り開いて行くことが出来ない。

李朝時代に軍事をないがしろにした結果、倭賊（豊臣秀吉の侵略軍）の侵略を受けざるを得なかった史実は本当に教訓的である。

李朝時代の一五八二年九月、李珥は宣祖王に一〇年後に倭賊が侵入して来る恐れがあるので一〇万人の軍隊を養成すべきであると上奏した。しかし宣祖王は、今のような太平の世の中で「養兵説」は的外れであり国費を浪費するだけだとして彼の建議を却下した。

しかるにそれから丁度一〇年後の一五九二年に倭賊が朝鮮を侵略した。これが歴史に壬辰倭乱（文禄の役）と記録されている朝鮮に対する日本の侵略である（当時の朝鮮は一五九七年の丁酉再乱―「慶長の役」と合わせて七年間の戦乱で荒廃しきった。）。宣祖王は後悔したが時すでに遅しであった。

先軍政治は軍事を最優先課題にして取り組む政治である。

民族の運命開拓と革命偉業を前進させる上で軍事がどれほど重要であるかを理解出来ない政治家は、軍事を政治の最優先課題に取り上げることはない。将軍スタイルのリーダーのみが軍事重視の政治を推し進めて国の国防力を万全に調えることが出来、軍の精強化を基本にしながら革命勢力全般をがっちりと固めることが出来るのである。

金正日委員長は北朝鮮人民軍を無敵必勝の強兵として育て上げ、国家の安全と革命の戦果を頼もしく守るように力を入れている。人民軍に対する業務指導は金正日委員長の先軍政治において最も重要な位置を占める。

金正日委員長が人民軍を革命の精鋭としてたくましく育て上げられるのは、軍事に精通しているからである。非凡な軍事的才能を身につけた金正日委員長は、敵をして何時もぐうの音も出ないようにあしらい、人民軍指揮官らと共におりながら彼らに軍事知識を授け、兵士らと共に食事も一緒に取り彼らの歌舞公演も楽しんでいる。金正日委員長の前線視察は、人民軍将兵らには必勝の信念を抱かせ、敵の士気を落とさせている。

先軍政治は軍を中枢にすえて革命の主体をしっかりと固める政治である。軍を核にして革命勢力を新たに編成することは、並みのリーダーなら考えもつかない独創的な政治である。

社会主義運動の実態が物語っているように、今までの社会主義国家の指導者らは、マルクス・レーニン主義に対する教条から脱皮出来ずに、労働者階級を基本にすえて革命勢力を編成してきた。それも労働者階級の革命的原則を貫きながら正確に応用したものでもなく、改良主義や修正主義を犯して社会主義制度を崩壊させた。

時勢が移り変わり歴史が前進するにつれて、これに相応する新たな革命理論を打ち出せるリーダーのみが、国民が信頼を寄せる社会主義国家の本当のリーダーとなり得る。今日の労働者階級は、マルクスとエンゲルスが『共産党宣言』を起草した当時のそのような労働者階級ではない。今日の労働者階級は、大半が技術労働や知能労働や精神労働に従事する勤労者らで構成されている。これは労働者階級の階級的覚醒と意識化と革命化を強く抑制する作用をする。発達した資本主義国家で革命が先に起こると予見したマルクス主義どおりに歴史が進まなかったことは、資本主義制度の発達と共に労働者階級の様相が変化するに至ったこととも少なからぬ関連がある。

この反面、革命軍が持つ強い革命性と組織性および規律正しさは、時代の発展と共に注目を引く新しい社会的現象となっている。

このように変化した時代の環境と現実的条件を鋭く見抜き、軍を革命の核心部隊・主力軍として前面に押し立てることは、軍事に精通した領袖、将軍スタイルのリーダーのみが成し得る。

金正日委員長は最も厳しかった「苦難の行軍」の時期に人民軍に備わった強い革命性に着目し「先軍後労」という独創的な思想を打ち出し、人民軍を大黒柱にすえて北朝鮮の革命勢力を新たに再編成した。北朝鮮において領袖と党と軍と国民の統一体が先軍政治の主体勢力として威容を示しているのは、金正日委員長の指導がもたらした輝かしい結実である。

金正日委員長は人民軍を前面に押し立てて社会主義国家建設全般で高揚を呼び起こし、強盛大国建設を目指す進撃路を切り開いている。先軍政治の日々に建てられた数多くの記念碑的建造物と現代的な工場には、人民軍将兵らの汗と知恵がしみこんでいる。人民軍兵士らは力の要る重要な部門を受け持って突破口を開いていった。

社会主義国家建設で膨大な作業量を受け持った人民軍の地位と役割はすでに社会的に公認された。今日までの社会主義運動において、軍の地位がこれほどまでに上がったことは無かった。軍とは、戦時に一度使うために長期にわたって育成する特殊な社会集団、生産はせずに消費するだけの集団であるという概念が長い間支配してきた。先軍政治は軍に対するこのような狭い見解に終止符を打ち、軍を社会主義国家建設において膨大な作業量をこなす集団、生産する集団につくり変えた。

軍が祖国を防衛する任務と共に生産の課題も遂行する集団として様変わりしたのは、軍の地位に一大転換をもたらした出来事である。軍を祖国防衛の精鋭部隊としてのみならず、生産の主力軍にすえて一石多鳥の実利を得る、先軍政治のこのような神妙な業を並みの政治家らは理解することすら出来ない。軍を祖国防衛の大部隊、生産の頼もしい隊伍にした先軍政治の実現は、将軍スタイルのリーダーの指導と切り離しては考えられない。

北朝鮮人民軍が祖国も守り社会主義国家建設も推し進めている実態を見て、二人のアメリカ人が闘わせた論争は注目を引いた。

論争はニコライ・エボスタトという極右の人物が米新聞「ウォールストリート・ジャーナル・ヨーロッパ」に寄稿した小論に発した。この小論は「北朝鮮の軍事化は色々な形態で表れているが、その内の一つは特別に徴兵された部隊が以前は民間人がやっていた仕事を受け持っているところに表れている。」と書いた。そしてニコライは小論の中で、軍が社会主義国家建設に参加することを「軍事化」であるとした。

この記事を見た米南部コネチカット大学の教授であるステビン・J・ゴールド博士は、米雑誌「批判的犯罪学者」紙上にニコライ論文を反駁する記事を載せた。彼はニコライ・エボスタトが一度も北朝鮮を訪れたことが無いから、北朝鮮に対して批評する資格が無いとしながら、北朝鮮を直接訪れて目撃した者としての資格で次のように反駁した。「これ以上に険悪で呆れ果てた歪曲が何処にあろう。北朝鮮国民は一般の兵士らが国民を助けて仕事していることにむしろ誇りを感じている。国民は兵士らが平和期には有用な建設にたずさわっているのを兵士らにとても良いことだと思っている。彼らは兵士らが成し遂げた業績を自慢している。アメリカの保守的な雑誌さえも『世界でも最高級のダム』と言っている西海閘門は、動員された将兵らによって建造された。八キロメートルにも及ぶ西海閘門をさして、小国としては『資源を浪費する建造』だとの非難も一時あった。しかしこの閘門が建造されたことによって、二つの道（府県）をつなぐ交通上の便利、電力の生産と飲料水の確保、そしてより重要なのは水害の防止効果などの恩恵を受けることになった。私が北朝鮮当局者に、何故それほど膨大な資金を必要とする事業に投資したのかと尋ねたら、彼らは閘門を建造する前に頻繁に発生した洪水の被害について話してくれた。彼らがこの工事着工を決心するに至ったのは、経済的・政治的な打算より国民に対する慈しみの心情が先立ったからであった。」世界は今このような北朝鮮人民軍の役割について注目している（図書「友人らの賛歌」三一二〜三一五頁）。

先軍政治が将軍スタイルのリーダーの政治となるのは第二に、金正日将軍の独創的な「銃・剣哲学」と「軍事観」を具現している政治だからである。

政治方式の特徴は、それが礎にしている哲学と理念の内容によって決まる。将軍スタイルのリーダーには、将軍の風貌と地位に似合った哲学と理念がある。金正日委員長が打ち出した深奥な「銃・剣哲学」と独創的な「軍事観」は、将軍スタイルのリーダーのみが打ち出し実現しうる哲学であり理念である。

「銃・剣哲学」は先軍政治が土台にしている礎の一つである。金正日委員長は、政治哲学としては主体哲学を、軍事哲学としては「銃・剣哲学」を信奉している。政権は「銃と剣」から生まれ「銃と剣」によって維持されるという「銃・剣哲学」が、学術研究に取り組む学者や軍事戦略戦術を研究する純粋な軍事家らによって打ち出されることは無い。この哲学は文武を兼備した偉大な政治家だけが創出することが出来るのである。

先軍政治は金正日委員長の独創的な「軍事観」の具現である。先軍政治が軍の地位と役割を最も高い境地に引き上げることが出来るのは、それが独創的な「軍事観」に基づいているからである。金正日委員長の「軍事観」における重要な内容の一つは、金日成主席が逝去した後、軍は金日成主席と同じような心の支柱であるという思想だ。

金正日委員長は、主席が生存していた時には主席を心の支柱と信頼して事業を推し進めてきたが、今は人民軍を柱と思って革命と国造りを率いている、と述べたと言う。

人民軍が金日成主席と同じような心の柱であるということは、金正日委員長が身につけた「軍事観」の核である。金正日委員長が、金日成主席が生存していた時には金日成主席を心の支柱と定めて仕事をして来たように、軍を金日成主席と同じように心の柱にすえたのは、軍に対する金正日委員長の最高の信頼であり最大の慈愛となる。

金日成主席が創建し引き渡した人民軍の内に金日成主席の面影を見出すのは、金正日委員長の崇高な風貌でもある。金正日委員長が軍を金日成主席と同じように信頼しているからこそ、軍に第一席を与え、軍部隊を訪れることを最高の喜びとしているのである。金正日委員長が軍を金日成主席と同じように思う心は、軍に対する特別な愛着と愛情および絶対的な信頼を生む源となっている。

金正日委員長の独創的な「軍事観」で重要なのは、軍はすなわち国民であり国家であり党であるという思想だ。

国民と国家と党の運命が敵との軍事的対決での勝敗にかかっているだけに、「銃と剣」が弱ければ国は敵に食われ、国民は植民地の奴隷と成り下がり、党は崩れてしまう。したがって現代では、党と国家と国民と軍のうちで第一席におくべきは他でもない軍である。

軍を第一席におき精強化してはじめて、党も国家も存在し国民も暮らせるのである。軍が取りも直さず国民であり、国家であり、党であるという思想を提唱したのは歴史上はじめてのことであり、これは軍に対する全く新しい見解を示したことになる。このような独創的な「軍事観」は、将軍スタイルのリーダーのみが打ち出すことが出来る。それは将軍スタイルのリーダーのみが党と国家と国民と軍を統一的に関連づけて見ながら、その根本を引き出すことが出来るからである。

金正日委員長は歴史上はじめて、軍は取りも直さず国民であり、国家であり、党であるという思想を打ち出して軍の重要性および先軍の真理性を明示した。

先軍政治は即、金正日委員長の政治方式である。

金正日委員長は「現代政治家の権威と役割およびその実力は、非凡な軍事的知略と胆力と飛び抜けた統帥術にある。」（図書「偉大な指導者金正日同志の名言集」・『先軍政治』九頁）と述べた。

先軍政治は、将軍スタイルのリーダーの典型である金正日委員長と結びついてのみ威力が発揮される偉大な政治方式である。

将軍スタイルのリーダーとは、非凡な軍事的英知と知略、無双の胆力と図太さ、傑出した統帥術を身につけた政治家を指して言う。このような政治家のみが現代の最も理想的な指導者として称賛を受ける。

金正日委員長は帝国主義勢力との激烈な政治軍事的な対決で百戦百勝し、国民の自主偉業・主体革命偉業を固く守り輝かせている。金正日委員長が備えた秀でた軍事的英知と英雄豪傑の胆力と図太さおよび非凡な統帥術は、先軍政治に全面的に具現されている。このように先軍政治は、金正日委員長の下でのみ成立し威力を振るう政治方式なのである。

朝鮮労働党の先軍政治は、金正日委員長の非凡な軍事的英知が具現された政治方式である。

「軍事先行」の政治、先軍政治とリーダーの軍事的英知は不可分の関係にある。軍事的英知とは、軍事分野に対する卓越した思想と奥深い造詣および慧眼と知恵を指して言う。リーダーが軍事的英知を身につけてはじめて「軍事先行」の政治が円滑に実現する。

先軍政治は人類の政治史上はじめて出現した政治方式である。したがって先軍政治を推し進める過程は、誰も見聞きしなかった未知の問題を解いて行かねばならぬ難しい道程である。先軍の途上でぶつかるこれらの難問をスムーズに解いて行こうとするならば、軍事的英知がなくてはならぬ。抜群の軍事的英知を身につけた将軍スタイルのリーダーのみが、軍事分野で持ち上がる難問、時勢、急変する情況を適時かつ的確に分析・判断し、これに対処した正確な戦略戦術を打ち出すことによって「軍事重視」と「軍事先行」の原則を貫くことが出来る。

軍事的英知はすべての問題を「軍事第一主義」の原則に則って正しく解いていける資質と能力からなる。軍事的英知は軍事家にとって必須であるばかりでなく、「軍事先行」の政治を行なうリーダーにとっては一層切実に必要な資質であり能力となる。リーダーが軍事的英知を身につけてはじめて、戦争と平和の問題を正確に識別し、国家と民族の利益の見地から軍事上の問題を正しく解決することが出来る。同時に軍事分野に対する指導をくまなく行き渡らせて軍事力を強化し、全国と全国民を「軍事先行」へと率いることが出来る。

金正日委員長が身につけた軍事的英知は先軍政治に具現されて、朝鮮民主主義人民共和国の防衛と発展に計り知れない影響を及ぼしている。金正日委員長が身につけた非凡な軍事的英知の中で重要な内容は、主体思想の軍事思想と理論、高度の科学性と迅速・正確さで一貫している非凡な軍事的洞察力と分析・判断力、軍事活動の推移と発達方向をあらかじめ予見して適切な対応策を打ち出す千里慧眼の先見の明、軍事と戦争に関する幅広く深奥な識見である。金正日委員長の天才的な軍事的英知は、非凡な思想理論的英知と底の知れない軍事的識見で、「推測の世界」と言われている複雑な軍事行動と戦争行政全般を科学的に洞察し分析・

判断したことに基づき、今後起こりうる軍事事態をもっとも正確に当てる、百発百中の軍事予見力に集中的に表れている。

正確な軍事予見力は、名将か否かを分かつ重要な判断材料の一つである。敵の狡かつで陰険凶悪な戦略戦術的企てを適時に見抜き、主動的に対処する非凡な軍事予見力を身につけるのは、軍事家と将軍スタイルのリーダーが身につけるべき重要な資質であり能力であり、それは戦争と平和の問題を左右する死活的な要求となる。

ドイツ帝国が駆使した欺瞞戦術に関する話は、軍事予見力の問題の重要性について多くのことを示唆している。第二次世界大戦時にイギリス・フランス連合軍は、ヒトラードイツの狡かつな偽装と欺瞞行動にだまされ、戦争開始後の短い期間にオランダとベルギーとフランスを明け渡す羽目に陥った。

ヒトラーはポーランドを占領した後にフランスやベルギーとオランダに攻め入る企てを隠蔽するために、政治・軍事的偽装行為と欺瞞行動を騒々しく展開した。

イギリスとフランスはヒトラーがポーランドを侵略するやドイツに宣戦を布告したが、積極的な軍事行動は取らなかった。これは西側同盟国が、ドイツ帝国がもし侵略の矛先を東に向けてソ連に攻め入るのなら、ドイツとの紛争を平和的に解決する意向があるということを努めてヒトラーに示唆したサインでもあった。

ヒトラーは西側同盟国のこのような反共・反ソ政策を、ヨーロッパ侵略を隠蔽するための欺瞞劇に利用した。ヒトラーは外交チャンネルと宣伝手段を通じて、ドイツが西側同盟国と平和友好関係を結ぶことを望んでいるかのような印象を与えた。ファッショドイツは一九三九年一〇月初めから一九四〇年五月までの半年間、西部国境地帯では如何なる軍事行動も取らずに、反共スローガンの下にヨーロッパ諸国との「永遠なる親善」を大々的に宣伝した。ドイツ軍と接した西部国境地帯では何処からともなく大型ノボリが懸けられ、スピーカーからはドイツ人とフランス人の「永遠なる親善」で共産主義の脅威を取り除き、平和と繁栄を達成すべきであるとの演説が流された。

こうして英仏軍の総司令部は、「戦争を引き起こす如何なる事件も起こさず、絶対にドイツを刺激してはならない」という指示を相次いで下した。

砲弾を満載したトラック部隊が国境に向かって近づいているとの報告を受けたフランス軍の総司令官は、「忙しく働いている最中の人々に向けて射撃しろと言うのか？　それは彼らをして我々に射撃しろということだ。」としながら衝突を阻止した。マジノ線付近でドイツ軍の工兵隊が地雷を埋設し鉄条網を延ばしているのを見たフランス軍のある大隊長は彼らを追い払ったのだが、その翌日彼は降級されて後方部隊に召還された。さらに喜劇的なのは、フランスのある家庭婦人らが「今は戦時だから化粧品も買えない」とこぼした愚痴が新聞に掲載されるや、ドイツ軍は二機の爆撃機を飛ばしてフランス国境付近にある都市に向け香水を投下したのだ。

一方でドイツはフランスに潜入させた特殊要員を使って、フランス国内に「ドイツがポーランドを占領したのはソ連を討つためであって『強大なフランス』を撃つためのものではない」というデマを流した。

フランス軍がドイツとむつましく過ごす雰囲気に、フランスに派遣されたイギリス軍の遠征隊も染まった。イギリス遠征軍の兵士と将校らは、戦争は本当には起こらないであろうし、我々が当地に来たのは周遊で外国旅行に来たようなものだと思い込み、舞踏会に履いて出るピカピカの皮製の長靴を買う方に気を遣った。

英仏軍の高級指揮官らはヒトラーの攻撃開始のXデー（五月一〇日）を一九四〇年の三月になって探り出

したのだが、それさえまともに信じようとはしなかった。

ドイツ軍総司令部では攻撃開始のXデーが漏れたのを偽装するために、三ヵ月間にそれをなんと二九回も変更させ、それを幾つかのチャンネルを通じて英仏軍総司令部に入るように仕向けた。はじめ英仏軍の参謀部はドイツ軍の攻撃開始のXデーが変わる度に神経をとがらせたが、そのつど何事も起こらなかったので段々と普通のように思い、挙句の果てはドイツ軍部隊が攻撃陣地へ移動しているとのスパイの報告までも「また神経戦の繰り返しか」としながら、気にもとめなかった。

ヒトラーはこのように狂信的な宣伝とデマ、作戦戦略的な欺瞞行動で長い間英仏軍を「奇怪な戦争」に巻き込み、その煙幕の後ろで武力の戦略的動員をせかせた。ヒトラーは攻撃を開始する前に、西部前線に一三六個師団の三三〇余万名の兵力、戦車二六〇〇台、航空機三八〇〇機を展開させることに成功した。

ドイツ軍は一九四〇年五月一〇日の明け方、不意の攻撃を開始した。ドイツ軍機甲部隊が国境を越え、前方部隊から「狼が現れた。」との報告に接するまで、英仏軍の少なからぬ将官と将校らは無事太平に過ごしていた。数百機のドイツ爆撃機が爆弾洗礼を加えるやようやく気がついたのだが、時すでに遅しであった。

ドイツ軍はあたかも無人地帯を行くが如く進撃して、四日後にはオランダ、一八日後にはベルギー、四〇日後にはフランスを降伏させた。

この史実は、軍事家と国家の指導者が軍事的英知を身につけて、敵の狡かつで陰険凶悪な欺瞞戦術の本質と真の意図を適時に見極めて適切な対応策を立てることが、如何に重要であるかをはっきりと物語っている。

金正日委員長の軍事的英知は、先軍政治の要求どおりに北朝鮮の軍事力を必勝不敗に育て上げ、敵に対する人民軍の軍事頭脳の優位を確実に保障する要因となっている。

朝鮮半島は軍事分界線を境にして膨大な軍事力が対峙している、軍事的に非常に鋭敏な地域である。停戦状態とはいえ軍事上から見るならば、いつ何時に戦争が起きてもおかしくない危険を孕んでいる。したがって敵味方の勢力関係や敵情などを常に把握して起こりうる事態を予見して対処しておかなければ、軍事上取り返しのつかない結果を招きかねない。

金正日委員長は科学的な軍事的英知で朝鮮半島における軍事対峙状態は言うに及ばず、アメリカと日本までも軍事的視野に入れて、今後起こりうる様々な軍事情況に対応出来るよう、的確な戦略と戦術をあらかじめ練っている。

金正日委員長の軍事的英知の偉大さは、現代戦において占めるハイテク戦の役割に大いに注目し、これに対処するよう導いていることからもはっきりと分かる。

ハイテク戦は現代戦の趨勢である。ハイテク戦は一九〇四年に起きた日露戦争当時に、すでに敵側の無線通信を妨害するというような萌芽的形態から発生した。その後ハイテク戦は、第一次および第二次世界大戦をはじめ頻繁に起こった戦争を通じて発達してきた。

一九六七年六月にイスラエル軍は中東諸国を相手に戦いながらハイテク戦を作戦に取り入れ、一九八二年六月にイスラエルが起こしたレバノン侵攻時にはジャミング（電波妨害）をすることから戦争を始めた。この頃に英国とアルゼンチンが矛を交えたフォークランド戦争の時も、イギリス軍は効果的なジャミングによってアルゼンチン軍のミサイル攻撃を未然にマヒさせた。

過去の戦争は火力による打撃から始まったが、今日の戦争は電波妨害から始まっている。現代戦の様相はハイテク戦を重視する様相を呈している。敵軍のハイテク戦の企てにどのように対処し、ハイテク戦の手法をどのように活用するのかによって現代戦の勝敗が大きく左右される。

金正日委員長は北朝鮮の革命武力が現代戦の要求に合わせて、敵のハイテク戦の作戦企図に抜かりなく対処するよう多大な力を注いでいる。金正日委員長は以前から、敵のハイテク戦に対処出来る準備をしっかり調えるようにし、人民軍が敵のどのような計略も残らず粉砕して勝利を得られるようにと、先見の明で諸々の処置をとっている。

一九九一年の湾岸戦争は、現代戦でハイテク戦が趨勢だとした金正日委員長の指摘がどれほど正しい判断であったかを良く物語っている。

米軍をはじめとした多国籍軍は開戦四～六時間前から、イラクの全前線から一三〇〇キロメートル離れた奥地にまで影響を及ぼす強力な妨害電波を出した。こうしてイラク軍のすべての電波探知機が無用の長物と化し、無線通信システムと電子指揮システムがマヒし、高射ミサイルと航空隊が威力を失った。イラク軍は膨大な兵力を保有し現代的な兵器で武装していたが、まともに戦うことすら出来ずに敗北した原因の一つがここにあった。この一つの事実を通して見ても、金正日委員長の軍事的英知が、一〇〇％命中する千里慧眼であることが良く分かる。

金正日委員長の軍事的英知は、卓越した軍事理論と非常に幅の広い軍事的識見に基づいた科学的な洞察力と分析力および千里慧眼の軍事的予知からなる。

金正日委員長の非凡な軍事的英知についてある外国人は、「金正日委員長は明晰な頭脳でアメリカを自由自在に操り国際社会を揺り動かしている。クリントンが一手先をよんでいるとするならば、金正日委員長は百手先をよんでいる。」と言った。ロシアのある老兵は「金正日委員長は千里慧眼の予知で数十年先の情勢までも正確に見通す偉大で天才的な将軍です。」と称賛した。

金正日委員長が身につけた非凡な軍事的英知は、先軍政治の偉大さを確実に保障している。「軍事先行」の原則に則って革命と国造りを推し進め、革命の主力軍である軍を無敵必勝の強軍に育て上げる先軍政治の要求を実現するためには、将軍スタイルのリーダーの非凡な軍事的英知が必要なのである。

朝鮮労働党の先軍政治は、金正日委員長の無比の胆力と図太さが具現された政治方式である。

先軍政治は指導者が軍事を図太く扱う政治方式である。胆力と度胸は何処にでも必要であるが、帝国主義勢力との軍事対決においてはなおさら切実である。先軍政治は無比の胆力と度胸を前提とする。無比の胆力と度胸は将軍スタイルのリーダーのみに備わった資質であり能力である。将軍に似合った胆力と度胸無くして、帝国主義勢力の包囲網に入っているような厳しい情勢の下で軍と国民を適切に統率することは出来ず、軍を前面に立てて社会主義国家建設全般を確信を持って推し進めることも出来ない。

先軍指導は軍事分野それ自体に対する指導より難しく責任が重い指導である。軍事に対する指導は軍事家もこなせるが、軍事を社会の一分野と限定してみるのではなく、政治の第一席にすえて他の部門をこれに従わせる先軍指導は、将軍スタイルのリーダーのみが可能なのである。したがって胆力と度胸は軍事家にも重要であるが、先軍政治を行うリーダーには一層重要なのである。先軍政治は敵との軍事対決を前提とする大胆な政治方式である。先軍政治は胆力と度胸を備えた将軍スタイルのリーダーでなくてはおくびにも出せない政治方式である。

金正日委員長は史上名高い将軍も比肩すら出来ない胆力と度胸を身につけて先軍政治を率いていく剛勇の持主である。金正日委員長の胆力と度胸は、小国をして超大国であるアメリカに立ち向かう勇断を下させ、敵を威圧する要因の一つとなっている。

敵との軍事対決は、英知と知略の対決であると同時に、胆力と度胸の対決でもある。戦争は交戦双方の指導者の胆力対胆力の戦いとも言える。したがって戦争の勝利の女神は、知略と共により太っ腹のリーダーが率いる軍に微笑むのである。

過去の歴史は、より図太い胆力と度胸を備えた政治指導者は敵のどのような挑戦や、革命途上に横たわるいかなる困難も乗り切って革命闘争を勝利へと導くが、そうでない政治家は取るに足りない挑戦を前にしておののき、革命を紆余曲折や壊滅へと陥れることを明白に示している。将軍スタイルのリーダーのみが敵の威嚇にも沈着に恐れず立ち向かい、一旦戦争が勃発した日には死をもいとわない指導で必勝を呼び込む胆力と度胸を備えているのである。

臆病者の代表的な人物はフルシチョフだ。フルシチョフがソ連崩壊の発端を開いたということは幾つかの面から説明することが出来るが、彼の卑怯さと関連付けて考察することも出来る。

フルシチョフは「平和共存」の美名の下で投降主義路線を歩み、アメリカをしてソ連を甘く見る始まりを作った。フルシチョフは独ソ戦争の時に卑怯にも戦線を離脱したとの理由で銃殺の判決まで受けたが、ようやく生き残った人物であった。フルシチョフの卑怯さは、ソ連の指導者となった後にも彼の心をとらえて放さなかった。彼は核兵器恐怖症、戦争恐怖症に取り付かれて米ソ間の軍備競争で先に両手をあげた。カリブ海危機に際してアメリカが最後通牒を出すや、キューバに展開させておいた軍事装備を撤収させることによってソ連の威信を地に落とし、アメリカの傲慢をますます助長させた。

政治家や軍事家に胆力や度胸が備わっていなければ、敵との対決で一歩退き、十歩退き、挙句の果てには国家と軍までも滅亡させるというのが歴史が遺した教訓である。

先軍政治と軍事家の胆力および度胸とは、切っても切れない関係にある。激変する歴史の渦潮に巻き込まれながらも北朝鮮が先軍政治の強国として光り輝いているのは、他の追従を許さない胆力と度胸をもって帝国主義勢力を押さえ連戦連勝している金正日委員長の先軍政治にその秘訣がある。

金日成主席は生前に、金正日委員長はどのような強敵が襲いかかって来ようともまばたき一つしない、ある時は彼の肝っ玉と度胸があまりにも大きいので私さえ感嘆する時がある、私は金正日委員長の肝っ玉と図太さから大いに勇気付けられることが多いと述べた。金正日委員長が備えた胆力と度胸は、史上誰一人として身につけたことのない胆力であり度胸である。金正日委員長の胆力と度胸は、その大きさが時間と空間に限りのない宇宙と同じで、地球が割れて天地がひっくり返ることがあろうとも、まばたき一つしない胆力と度胸であり、世界制覇を企てる「唯一超大国」の専横と挑戦にも太っ腹で対応して勝つ胆力と度胸である。金正日委員長は白頭山の将軍としての無比の胆力と度胸をもって、帝国主義侵略者のいかなる攻勢と挑戦にも殲滅的な反撃で立ち向かっている。

一九九〇年代前半にアメリカが起した核騒動を抑えたことは、金正日委員長の胆力と度胸の偉大さを誇示した一大事変であった。

一九九三年二月二五日、アメリカとそれに追従する国際原子力機関書記局の一部の階層と加盟国らは、北朝鮮に有りもしないいわゆる「核疑惑」をたてにして「特別査察」を強要する決議を採択した。これと時を同じくしてアメリカは、韓国ですでに中止した「チーム・スピリット」合同軍事演習を再開した。アメリカはこの演習のために一九九三年の春に入るや米軍武力の大起動を開始した。アメリカは核兵器を搭載した最新鋭戦闘機と艦船と核攻撃用の各種兵器を朝鮮半島とその周辺海域に大々的に展開し、米本土やハワイとグアムと日本などアジア太平洋地域にある米軍基地から「迅速反応展開武力」をはじめ二〇余万名の兵力を動員して合同軍事演習を行った。

米軍はこの演習に湾岸戦争で威力を見せたというトマホーク巡航ミサイルやF―一一七ステルス戦闘機などの最新鋭兵器のみならず、核弾頭の投下を専門とするB―一B戦略爆撃機を出動させたばかりか、核兵器を使用した時の指揮通信システムであるC三一までも発動した。

北朝鮮に対するアメリカと敵対勢力が仕掛けた圧力と挑戦は極限に達した。アメリカは情勢を戦争前夜へと追い込んだ。

このような厳重な事態を取り巻いて国際社会の耳目は北朝鮮に集中し、世界の進歩的な人々は北朝鮮の社会主義制度の運命を憂慮した。情勢はソ連時代に起きたカリブ海危機の時よりいっそう深刻であった。

当時アメリカがカリブ海に集結させた兵力は五個師団（後方部隊まで含めて総数一〇万名）と一八三隻の軍艦であり、一一〇〇余機の航空機がキューバに向けて出動する態勢を調えていただけであった。当時ソ連の指導者だったフルシチョフは、この程度の兵力起動にびっくり仰天して投降したのであった。

こうして北朝鮮を良く知らない国際社会の一部世論は、一九六〇年代のカリブ海危機の時のように北朝鮮がアメリカの圧力に屈すると予測し伝えもした。しかし北朝鮮では国際社会の予想を覆す出来事が起きた。どのような雷声へきれきにもびくともしない無比の胆力と度胸を備えた金正日委員長は、青天のへきれきを彷彿させる対応処置を執ったのである。

金正日委員長は情勢が戦争前夜へと突っ走って行った一九九三年三月八日に、全国民と全軍に準戦時体制に突入することを命じた。この一方で三月一二日には、共和国政府をして国家の最高利益を守るための自衛処置として、核拡散防止条約から脱退する旨の声明を発表するようにした。これは核大国に真正面から決戦を宣言した、事実上の宣戦布告のようなものであった。

北朝鮮の条約脱退宣言にオーストラリア放送は「今日は地球が割れ始めた日」と伝えた。北朝鮮の爆弾宣言は、国際社会の進歩的な人々には限りなく自信と勇気を抱かせた重大事変となり、「唯一超大国」と空威張りしていたアメリカと帝国主義追従勢力には深刻な打撃となった。

ホワイトハウスでは大騒動が起きた。今直ぐにでも戦争を起すべきだと主張していたアメリカの好戦勢力は恐怖にとらわれて口を閉ざし、社会主義制度のない世界を造ると豪語していたクリントン大統領は、夜を徹して安全保障担当補佐官らと事態を収拾する非常対策を練った。

当時韓国では「ソウル火の海説」が駆け巡った。軍事境界線の北側にはソウルにねらいを定めた朝鮮人民軍の大口径砲や多連装ロケット砲一万三千門が配備されていたが、これらが火を噴けばソウルは三〇分以内に火の海と化すとの噂がぱっと広まった。

富裕層や政府要人とその家族らは、戦争が起きたら海外に逃避することが出来るようにと、あらかじめ航空チケットを買い求めるやら外国にあるホテルを予約するやら騒動を起した。ソウルでは政府要人や軍部の将官らが互いに顔を合わせると「まだ漢江の北側にお住まいですか?」という挨拶を交わしたと言う。彼らのこのセリフは、戦争が勃発した日には一九五〇年の時と同じように、プサンに逃げるかもしくはアメリカに渡ろうとするだろうから、あらかじめ漢江の南側に住むほうが心が休まる、という独白なのである。

金正日委員長の胆力と度胸は一面的ではなく臨機応変、その奥行きと幅は見極めることが出来ないほど多方面的である。金正日委員長のこのような変幻自在な胆力と度胸は、敵をして適切な対応策がとれずに慌てふためくようにし、敵に何日か先に置かせてもなお負かす要因となっている。

金正日委員長は準戦時体制を宣布して一六日が経つと準戦時体制の解除を命令し、東海の名勝地である松涛園「国際少年キャンプ場」を視察した。このことは敵をして再び驚かせた。この事実に接したある国の国家首班は、自国を訪れていた北朝鮮代表団の団長に「アメリカの面をこれ見よがしに打ちすえた。あけすけに言って今日までアメリカの面をぶちまかした人がいたか?面を殴るどころかコブシも振り上げられないでいる。文武を兼備した金正日最高司令官のみがアメリカをノックアウトすることが出来る。このたび金正日最高司令官は千里慧眼の予知で時期を上手に選択し、無比の胆力で老練に準戦時体制も解除した。すべてが満点だ。」と、興奮した面持ちで真情を吐露したという。

金正日委員長が身につけた胆力と度胸は、古今東西どの国の政治家や軍事家にも見出すことの出来ない、無慈悲に敵を殲滅する胆力であり度胸である。

先軍政治が敵に恐怖を抱かせるのは、先軍政治が金正日委員長の胆力と度胸を具現した政治であるからだ。金正日委員長は、無比の胆力と度胸で帝国主義勢力の挑戦に殲滅的な反撃を加えるのみならず、いかに厳酷で緊張した状況に直面しようともいつも泰然自若としてすべての事業を展開している。

不意に緊迫した状況が迫り、厳酷な試練に遭遇した時に狼狽することなく事態を正確に分析・判断し、泰然として状況に対処し事に当たるということは、太っ腹な政治家にとっても決して容易なことではない。一般には「オノ事件」や「板門店ポプラ事件」として知られている米軍の軍事的挑発事件が発生して、朝鮮半島にいつ戦争がおこるかも知れない一触即発の状況が目前に迫った一九七六年八月にも、普段と何ら変わりなく政治と経済と文化などのすべての部門を正常どおりに指導したのみならず、ピョンヤン大劇場でリハーサル中だった音楽舞踊物語「楽園の歌」の創作を指導したというのは、すでに広く知られている事実である。金正日委員長の胆力と度胸は、敵の軍事的挑発などカマキリのオノほどにしか見ず、偉人らしく行動している所にも表れている。

一九九九年六月初め、西海（黄海）海上で米軍と韓国軍の謀略によって、あたかも局地戦を彷彿させる熾烈な戦闘が数日続いていた時の話である。米朝間の対決がついに戦争へと拡大していくような様相を思わせる厳重な事態であった。敵は金正日委員長の態度を鋭意注視していた。しかし金正日委員長は「西海事件」が絶頂に達していたその時刻に、前方視察を終えて江原道内の経済部門を現地で視察していた。銃砲の爆音が飛び交い、艦船が撃沈する光景が繰り広げられた「西海事件」程度は大きな出来事とは見ず、平常どおり業務に励んでいる金正日委員長の姿は、金正日委員長が身につけた無比の胆力を国際社会に誇示した。

アメリカが無謀にも核戦争を挑発する策動を企てた時にも、北朝鮮の貿易船「ソサン号」に対する海賊行為をためらいもなく敢行した時にも、平安南道の耕地整理事業と竣工した「ケチョン―テソン湖」水路工事に対する現地視察の道を歩む金正日委員長の姿から、国際社会は再び金正日委員長の胆力と度胸がどれほどのものかを感じ取った。

金正日委員長の胆力と度胸は人民軍の精鋭化と現代化の方向を規定している。全軍が金正日委員長が身に付けた胆力と度胸を多少なりとも備えれば必勝不敗の軍となる。先軍政治によって人民軍は、山岳のように大きく揺るぎない胆力と度胸を備えた無敵の戦闘部隊として育った。敵対勢力は全軍と全国民が金正日委員長のような太っ腹と図太さを備えているので恐れをなしている。

朝鮮労働党の先軍政治は、金正日委員長の秀でた統帥術を具現した政治方式である。統帥術は将兵を統率指揮し、軍事活動を成功裏に展開させる能力であり手腕である。統帥術は軍事指揮官にとっては必須の資質であり能力である。

一国のリーダーが身に付ける統帥術は、軍事指揮官らが備えた統帥術より深奥かつ非凡でなくてはならない。それは軍事指揮官の用兵術は一部隊の範囲内にとどまるが、一国のリーダーの統帥術は全国的範囲で軍を動かし、軍と国家全体の運命に影響を及ぼすからである。

先軍政治は将軍スタイルのリーダーの非凡な統帥術を必要とする。先軍政治は軍を核にした主体勢力をしっかりと調え、軍の主導的役割を高めながら全国民をして自己の役割を最大限に発揮するようにする政治方式である。これは軍を巧みに扱い率いる秀でた用兵術、統帥術を前提とする。先軍政治が必要とする用兵術や統帥術は、将軍スタイルのリーダーのみが身につけることが出来るのである。金正日委員長は、史上勇名をはせた名将も問題にならないほどの飛び抜けた統帥術で先軍政治を輝かしく実現している、統帥の天才である。

軍を革命の大黒柱に据えて軍の主導的役割を高めていくのは、リーダーの統帥術の中でも高い境地に属する業である。このような傑出した統帥術は、金正日委員長のみが活用することが出来る。金正日委員長の非凡な統帥術によって、人民軍は先軍政治実現の主力軍として突撃隊の役割を円滑にこなしている。

英知と胆力と統帥術は緊密につながっている。非凡な軍事的英知および無比の胆力と度胸は、鮮やかな統帥術の支えがあって初めて光り輝くのである。兵士を養成し使う養兵用兵における成否は、将軍スタイルのリーダーの統帥術のレベルに大きくかかっている。金正日委員長の非凡な統帥術の特徴は、仁徳で将兵らを一つに結束し、非凡な組織力と展開力で全軍を全面的に掌握し、最高司令官の命令の下に全軍を一糸乱れずに動かす特出した統率力にある。

一心団結を重視せよというのは金日成主席の遺訓である。

ある日、金日成主席はある幹部と同席した機会に、世の中の数多くの政治家やリーダーらが切実に思い望みながらも成し得ないでいる所望があるのだが、それは他でもない万民の心を一つに結束させることだ、その夢を実現するためにある人は、「銃と剣の前では誰しもがおとなしい羊になる。」としながら剣を振るい、ある人は「人情に泣かない人はいない。」としながら人為的に善政を行い、またある人は「人材一人が百姓一万人にあたる。」としながら人材を登用して人々の心を引こうとした。だが、誰一人として万民を一つに団結させることが出来なかった、と述べた。続いて金日成主席は、金正日委員長は一心団結を座右の銘にして領袖と党と国民を総体的に団結させる難事を立派に成し遂げた、この威力ある「一心団結」こそ金正日委員長の力であり、北朝鮮の力である、と述べた。

統帥術のレベルは、統帥の方向や目標となる正しい統帥原則の確立によって決まる。規律と強圧による統帥、人情を主にした統帥、代理人を通しての統帥は成功がおぼつかない。

革命的な領袖観に基づいた一心団結を志向する統帥術のみが、必ず成功する統帥術である。他でもないこの統帥術が金正日委員長に備わった統帥術なのである。

金正日委員長は、人民軍将兵らに対する慈愛と信頼を革命軍の基本的な統帥方式、軍の精鋭化と現代化および軍事活動の基本原理と定め、それを徹底的に具現することによって全軍を最高司令官を中心とした一心団結の無敵の軍として育て上げた。全軍を一つにまとめると共に全軍を掌握する非凡な能力と手腕があってこそ、統帥術が抜群であると言える。将軍スタイルのリーダーの指導のみが全軍にくまなく精通し、全軍に対する唯一指導を実現させ、全軍を一つの指揮の下に統一的かつ迅速・正確に動かせる。

金正日委員長は千万将兵らの実態を正確に掌握し、これに基づいて全軍を一糸乱れず正確・迅速に率いる抜群の統率力を備えた名将である。金正日委員長の統率力は、最高司令官の命令の下、全軍が一致した行動をとるようにする所にその特徴があり威力がある。

エンゲルスは「時はすなわち軍であり、時は勝利である。」と言った。有名なある将軍は「時は何よりも貴重である。一分は戦闘の結果を、一時間は作戦の結果を、一日は帝国の運命を決定する。」と言った。第二次世界大戦の時にある国の指揮官は、敵陣に造成された幅八キロの大通路に機械化軍団を進入させよとの司令部の命令を適時に執行出来なかった結果、ようやく訪れた有利な機会を逃して作戦全般に悪影響を及ぼしたことがあった。これは勿論ある一つの個別作戦で起きた話であるが、時を得るための戦いが鋭く繰り広げられる戦争では、迅速・正確に動くことがいかに重要であるかを教えている。

軍事行動で時は命である。軍の威力は軍事行動を起す上で時間の保証如何によって変わり得るとも言える。このような意味からも金正日委員長の統帥術はすぐれている。

金正日委員長の空軍統帥術に関する逸話は今でも伝説のごとく広まっている。一九九四年に金正日委員長は、空軍戦闘航空隊を総出動させる命令を下したことがあった。前例のない演習であった。空軍力の発達歴史が長いと誇る国と言えども、予告もなく自国が保有しているすべての戦闘機を数時間以内に一時に出動させるというような演習を行ったためしはない。

一時ファッショドイツの空軍司令官であったゲーリングが戦闘航空隊の総出動を企てたことがあったが、

その時出動した戦闘機は総数の半分にも満たなかった。

金正日最高司令官の命令を受けた空軍司令部の指揮官らは、その時、どんよりした曇り空にみぞれまで降る気配が見える不利な気象状況のため憂慮していた。しかし最高司令官は、この度行う戦闘航空隊の出動演習は私が直接空軍部隊の戦闘準備の実態を検閲するものだ、としながら、空軍司令部をはじめすべての空軍部隊は実戦の雰囲気で演習に参加しなければならないと強調し、いったん戦争が起きたら天候を見ながら敵と戦うわけにも行かないので、大胆に飛行訓練を行うように、と鼓舞した。

最高司令官の命令一下、出動準備を終えたすべての戦闘航空隊は、不利な気象状況の中にも指定された時刻に迅速・正確に離陸した。空を埋め尽くしたかのような戦闘航空隊は、予定された演習計画を抜かりなく遂行した。

北朝鮮で航空隊出動演習が実施されたのと時刻を同じくして、ある敵国が戦闘機の半数を出動させる演習を試みたが、指揮系統が分散し気象条件も悪く、中途で放棄してしまった。

最高司令官の命令を受けて蹉跌なく実施された戦闘航空隊の演習について、国際社会の軍事専門家らは、「規模と進行方式は言うまでもなく、その試み自体が前例を破った大胆かつ太っ腹な演習」だったとしながら、全軍を一糸乱れずに動かす金正日委員長の非凡な統率力に感嘆を禁じえないと言った。

一九九三年、全国と全国民と全軍に準戦時体制に入る旨を宣布した最高司令官の命令が下された時の逸話も、伝説のような統帥術として伝わっている。

一瞬にして全国各地の軍部隊は言うに及ばす、北朝鮮の「労農赤衛隊」と「赤い青年近衛隊」の隊員らが自己の陣地に駆けつけて戦闘態勢に突入し、北朝鮮全体が準戦時体制に合わせて万端の戦闘動員準備を調えた。

最高司令官の命令一下、一糸乱れずに迅速・正確に戦闘態勢に突入した朝鮮人民軍と北朝鮮国民の一致した行動を目撃したカリブ海地域のある国の国防相は、「最高司令官は驚くほどの統帥術を備えている。一瞬にして全国と全国民と全軍をアメリカとの対決へと組織し動員した。戦争の実体験のある老兵から青少年にいたるまで北朝鮮国民みなが、金正日最高司令官の命令一下、決死抗戦に立ち上がった。今まで世界に数多くの名将が現れたが、このような統帥術を備えた名将はいなかった。」と言い、また米国防省のある高官は、「金正日最高司令官が身につけた統帥にかかわる英知は、驚くと言うより驚異的であり、うらやましいと言うより魅惑的であり、抜きん出たと言うより空前絶後だ」としながら、金正日委員長に対する恐れと驚嘆を表した。

カミナリが光れば後をついで雷鳴がとどろくように、金正日委員長が命令を下せば全軍が即時に陸海空から滅敵の闘志を抱いていっせいに立ち上がる朝鮮人民軍の威力は、取りも直さず先軍政治の威力となっている。まさにこのような不敗の軍を育成したところに先軍政治の偉大さがある。

金正日委員長が身につけた非凡な統帥術は、北朝鮮の軍と国民を最高司令官を中心にして一つに固く結束させ、金正日委員長の命令の下に迅速・正確に動かす要因となっている。

軍と国民を一糸乱れずに動かす金正日委員長の非凡な統帥術が具現されているからこそ、朝鮮労働党の先軍政治は威力を発揮するのである。

（二）　社会主義の基本政治方式

先軍政治は社会主義の基本政治方式であるという特徴を有している。

金正日委員長は「今日我が国で先軍政治は、社会主義の基本政治方式となっています。」（「我が党の先軍政治は威力ある社会主義の政治方式だ」単行本四頁）と述べた。

先軍政治が社会主義の基本政治方式になるということは、先軍政治を社会主義制度と結び付けて考察した特徴だと言える。先軍政治は社会主義制度と切り離せない関係にある。先軍政治を打ち出してそれを全面的に実現する過程は社会主義制度と結びついている。先軍政治は社会主義制度を守るという要求にこたえて打ち出されたものであり、先軍政治の本質的な要求も社会主義偉業を成功裏に前進させることにある。したがって先軍政治すなわち社会主義だと言えるほどに先軍政治は社会主義制度と不可分の関係にある。これが先軍政治の特徴である。

先軍政治が社会主義の基本政治方式であるということは、それが社会主義政治において基本になるということを意味する。

社会主義政治において基本が何なのかというのは、社会主義制度の運命に決定的な影響を与える政治方式が何なのかという問題に直結する。何故ならば、政治方式の類型によって社会主義政治の勝敗、社会主義制度の運命が左右されるからである。社会主義の政治史を振り返ってみるならば、数多くの国が自分なりの正しい政治方式を模索し実現しようとしたが、その大半の政治方式が社会主義社会の本質的な要求にぴったりと合わなかったり、社会主義偉業を正確に推し進めていくことの出来ないものであった。

社会主義の政治史に出現した政治方式は、大きく二つの類型に分けて見ることが出来る。一つは革命的な政治方式であり、今一つは改良主義・修正主義的な政治方式である。

革命的な政治方式は労働者階級の革命原則に則って探求された政治方式であり、改良主義・修正主義的な政治方式は主に社会主義を裏切った者によって提唱されて来たのだが、社会主義制度を変質させ崩壊させる結果を招いた。フルシチョフの「平和共存」政治方式や、ゴルバチョフの「改変」や「改革」政治方式がその代表的な実例である。この改良主義的で修正主義的な政治方式は、社会主義制度に固有な特徴を抹殺して社会主義制度をその土台から倒壊させる作用をした。この政治方式は、内からは社会主義制度の基礎を崩し、対外的には帝国主義勢力に投降する内容で貫かれている。したがってこのような政治方式が社会主義制度を内部から瓦解させ倒壊させたのは必然的であった。これらの史実は、社会主義国家が政治方式に関する問題で間違いを犯せば社会主義制度を崩壊させるという深刻な教訓を遺した。

労働者階級の革命原則を堅持しながら社会主義制度の政治方式を正しく解決するということはけっして容易なことではない。

社会主義制度の政治方式に関する問題を正確に解決しようとするならば、古典に対する教条から脱皮して創造的な方法論を取り入れ、移り変わる時勢が何を求めているかを注視しなければならない。

政治方式問題の解決に関して社会主義政治史に現れた色々な偏向の原因は、主に、社会主義の背信者らが社会主義国家の政府要職に潜入して故意に社会主義制度を破壊したところにもあり、社会主義国家の指導者らが創造性の不足から古典を教条的に適用したところにもある。

マルクス主義が世に出てからすでに世紀が二度も変わった。したがって古典が新しい時代の要求に満足な答えを出せるはずがない。マルクス主義革命理論は一口で言って、労働者階級を前面に押し立てた社会主義理論だと言える。然るに今日の革命実践は、古典で核とされた労働者階級をどのように見るのかからして、教条か否かの問題が持ち上がっている。

勿論、労働者階級に対する深奥な分析に基づいて展開されたマルクス主義の革命理論が、真理性と科学性を完全に失ったとは見なせない。しかし反帝軍事戦線が社会主義勢力の死活的な基本戦線となっている今日、軍を重視せずに労働者階級を革命の指導階級であり主力軍だと規定した古典を金科玉条のように受け容れて党と民主主義のみを議論しているならば、帝国主義勢力の前例のない攻勢から社会主義制度を守り切ることは出来ないというのが現今の革命実践の特徴である。

したがって社会主義政治方式の問題を正確に解決しようとするならば、古典の枠組みから抜け出し、新たな時代の要求に合う新しい思想理論を出発点にして問題を解決しなければならない。新たな時代の要求に合わせて社会主義偉業を推し進める上で持ち上がる死活的な問題を、もっとも立派に解決することの出来る政治方式が他でもない先軍政治なのである。

先軍政治は社会主義勢力と帝国主義勢力が鋭く対立している現今の状況にもかかわらず、社会主義偉業を成功裏に前進させ完成させる社会主義制度の基本政治方式である。先軍政治はマルクス・レーニン主義が言及した「労働者階級重視論」ではなく、新たな原理である軍事重視思想から出発して、軍を社会主義社会の革命の支柱・主力軍に据える政治方式である。

これによって社会主義制度は現代に至って新たな様相と特徴を帯びるようになった。「軍事重視」と「軍重視」の社会主義制度が他でもない先軍政治下での社会主義制度、即ち先軍時代の社会主義制度なのである。

先軍政治が社会主義の基本政治方式となるのは、それが社会主義制度の運命に関わる問題を最も正確に解くことが出来るからである。

ある政治方式が社会主義の基本政治方式となるためには、それが社会主義制度の運命に関わる問題を最も正確に解くことが出来るものとならねばならない。社会主義制度の運命に関する問題とは、社会主義制度を守り切れるのか否かという死活的な問題である。

社会主義制度は資本主義制度を否定して生まれた歴史の新しい勢力として、常に歴史の古い勢力である資本主義勢力と帝国主義勢力の挑戦に悩まされながら存在し発展している。ソ連と東欧の共産圏で社会主義制度が崩壊して社会主義勢力が前例になく弱体化したのを契機に、帝国主義勢力は社会主義勢力に対する攻勢を一層強めている。社会主義勢力に対する帝国主義勢力の孤立・圧迫策動が最高潮に達している今日、社会主義制度の守護が基本・先決であり、国造りはその次の問題である。社会主義制度を守り切れなければ、党は霧散し、国は破れ、国民は亡国の民と化す。したがって社会主義制度を守るのか否かという問題は、政治における火急の問題であり死活問題となる。

社会主義制度の運命に関わる問題を正確に解くためには、軍事を国事の第一席に据えなくてはならない。社会主義勢力と帝国主義勢力の対決が力対力の対決なのだから、軍事は社会主義制度の運命を左右するキー・ポイントとなる。したがって社会主義国家は、強力な自主的国防力を保有してはじめて社会主義制度を守り通し、社会主義制度も強化発展させることが出来るのである。反帝軍事戦線は社会主義制度の運命を分かつ基本戦線かつ第一生命線となっている。社会主義国家が軍事を重視せず軍を強化しなければ、国と民族の運命も救えず、社会主義の運命も開拓することが出来ない。

このような見地から軍事重視すなわち社会主義制度の運命であり、軍はすなわち社会主義国家であり、党であり、国民であると言える。先軍政治が社会主義の基本政治方式となる根拠がここにある。先軍政治は階級闘争で勝利するための確実な保障である。

社会主義制度が存在し発展する過程は、熾烈な階級闘争の過程でもある。社会主義勢力と帝国主義勢力とは、根本からして階級的に完全に対立する尖鋭な階級闘争の関係にある。この階級闘争は新しい勢力と古い勢力との闘争である。金正日委員長が明示したように、国民の自主を実現する上で貢献するものは新しい勢力であり、国民の自主を踏みにじるものは古い勢力である。社会主義勢力は国民の自主の実現を代表する勢力として新しいものとなり、資本主義・帝国主義勢力は国民の自主を蹂躙する勢力として古いものとなる。新しいものの誕生と発展が、古いものとの深刻な闘いを伴うのは歴史の必然である。

古いものが新しいものに進んで席を譲ったためしはなく、新しいものは古いものを除去せずには出現することも発展することも出来ない。実際に社会主義勢力の圧殺を企てる帝国主義勢力と反動の階級的な野望は、歴史発展の全過程においてただの一度も変わることがなかった。

社会主義勢力を圧殺せんとする帝国主義勢力の策動が死にもの狂いであることは、北朝鮮の現実が如実に語っている。今日ブッシュ行政府は、前任者が持ち出しては苦い思いを経験した「北朝鮮崩壊論」を再び持ち出してきた。米国際戦略問題研究所副所長であるキャンベルは、二〇〇二年一一月一二日に行った朝日新聞との記者会見の中で、ブッシュ行政府の対北朝鮮政策の最終目標が「体制の崩壊」にあると言った。好戦的なブッシュ二世政権は、北朝鮮が崩壊するのを座して待つのではなく、力をはじめあらゆる手段を行使してでもそれを早めるべきであると公言してきた。

帝国主義勢力が反社会主義戦略を実現させる上で基本とするのは軍事力である。

帝国主義勢力は自陣の軍事的優勢をバックにして、懐柔・欺瞞戦術も駆使し、経済制裁を加えもし、外交攻勢も展開したりする。しかしそれらが通じないと悟るや、強盗そこのけの野望を露骨にあらわして軍事侵略を敢行する。第二次世界大戦以降の米朝関係を振り返ってみるならば、アメリカによる北朝鮮征服のための軍事的冒険の連続であったことが分かる。

一九五〇年代に矛を交えた戦争で惨敗の憂き目を見たアメリカは、一九六〇年代から九〇年代にかけても絶え間なく挑発し続け、二〇〇〇年代には最も野蛮な核戦争で北朝鮮を圧殺せんとする重大な冒険も厭わなかった。これらの日々にアメリカは、他国を侵略するために開発し蓄積しておいた殺戮と破壊のすべての手段である通常兵器から核兵器までも動員して、北朝鮮を打ち負かそうとあらゆる策動を駆使した。

社会主義偉業は社会主義勢力を圧殺せんとする帝国主義勢力の策動によって、必然的に帝国主義勢力との熾烈な戦いを繰り広げる過程を通じて前進して行くことになる。このような事情からして社会主義の基本政治方式は、帝国主義勢力の反社会主義策動、特に軍事力を用いた侵略策動を一撃で撃破し、社会主義制度を守り通せる政治方式とならなければならない。

朝鮮労働党の先軍政治は、帝国主義勢力の傲慢な軍事的侵略策動を断固として粉砕し、国民の自主偉業・社会主義偉業を鉄壁のように固守していける社会主義の基本政治方式である。

公認された国際法や国際的道義とか慣例も無視して、傍若無人に行動する帝国主義勢力に理性を望むのは愚かなことだ。

毒をもって毒を制するという言葉がある。力には力で立ち向かい、傲慢な軍事行動には無慈悲な懲罰で答えねばならぬ。そのためにも精強な軍事力を調えておかねばならない。

強力な軍事力を保有してこそ、敵が襲い掛かってくる企てを未然に防ぎ、侵攻して来たにしても即時に無慈悲な懲罰を加えられる。帝国主義勢力の横暴な軍事的圧殺策動から社会主義偉業を守り通す精強な軍事力は、「軍事先行」の原則を堅持する先軍政治によってのみ、不敗を誇ることが出来るのである。

革命軍の強化、防衛産業の発達、完璧な防衛システムは、国家の軍事力強化の基本要因である。先軍政治は文字通り軍事を最優先させる政治方式である。軍人を無敵必勝の精鋭に育て上げ、防衛産業を優先的に発展させ、社会全般に軍事を重視する気風をしっかりと打ち立てて全国民を武装させ、全国の要塞化を力強く推し進める上で先軍政治は威力を振るう。

先軍政治によって軍は、党と領袖、祖国と国民、社会主義制度のためなら喜んで一命を投げ出す堅い覚悟と意志をもった政治思想の強兵として育成され、高度な軍事技術と最新鋭の兵器で武装した不敗の武力となるのである。

また国家の防衛産業を急速に発展させて現代戦が求めるすぐれた攻撃兵器と防御兵器を意のままに製造し、全国を難攻不落の要塞に造り上げ、全国民を強力な戦闘隊伍に編成するのである。

金正日委員長の賢明な先軍政治の下、今日北朝鮮の軍事力は不敗の力を保有するに至った。北朝鮮はアメリカとその追従勢力の軍事的挑戦を退けて、国家の自主権と社会主義偉業を誉れ高く守り抜いている。

近年、アメリカを軸にした帝国主義連合勢力が「核兵器開発説」や「地下核施設疑惑」などの口実を設けて「作戦計画五〇二七」を「作戦計画五〇二七—九八」と具体化させ、気違いじみた戦争を挑発をしたが、北朝鮮の軍事力の前に腰砕けに終わった。人民軍は、敵が北朝鮮の領土と領海と領空を、たとえ〇・〇〇一ミリでも犯すようなことがあれば、微塵の容赦もなく無慈悲な懲罰を加えた。北朝鮮の領空を不法に侵入した最新鋭の米軍偵察ヘリが一発で撃墜され、江原道ピョンガン郡チョンアン里の軍事分界線一帯で敢行された軍事的挑発に即時報復が加えられた出来事や、一九九九年と二〇〇二年に発生した西海交戦は、事実上、先軍政治下の北朝鮮の軍事力がもたらした大きな勝利であった。

北朝鮮に狙いを定めたアメリカの作戦計画は、現実味に欠けているというのが国際社会の世評である。

北朝鮮の精強な軍事力に関して韓国のソウル新聞は次にように伝えた。「北朝鮮は鍛え上げられた屈強な軍事力を保有している上に、砲陣地も要塞化されており、特に世界最大規模の特殊部隊は米支援軍が上陸する港と飛行場を破壊する準備を済ましている。戦略専門家らは、北朝鮮の地上軍が砲射撃の掩護の下に軍事分界線を突破した後、戦略地点と防御地点を包囲するであろうと見ている。韓国の防御線が崩れるようであれば戦争は終わったも同然である。米軍の作戦計画によれば、脆弱な韓国軍は米支援軍が到着するまで北朝鮮軍を牽制することが出来ない、と展望している。もし朝鮮半島で戦争が勃発するようなことがあれば、米軍には二四〜七二時間の時間的余裕しかないので、米軍の作戦計画は現実味を欠いていると言うべきである。」

米「タイム」誌は、日米の軍事関係者らが北朝鮮ミサイルの威力におののいているとして次のような記事を載せた。「日米の軍事関係者らは皆同じような悪夢にさいなまれている。防御手段が無く恐怖に震えている間に、核弾頭を搭載した中距離弾道ミサイル『ノドン一号』が北朝鮮の基地から発射され、日本海（東海）を横切ってわずか数分後に、東京と大阪の上空で爆発するという悪夢である。この憂慮は、今までの憂慮のうちでも最も明確な憂慮である。」

北朝鮮の精強な軍事力は微塵の容赦もない無慈悲な太刀である。北朝鮮はイラクやユーゴやアフガニスタンとはまるで違うというのが国際社会での世評である。

イラクに攻め入った時、米軍はほとんど抵抗らしい抵抗も受けず、戦死者もわずか一〇〇余名程度を出しただけであった。航空機による空襲を主にしたユーゴ戦争での米軍の戦死者は、墜落した戦闘機のパイロットのたった二人だけであった。しかし万が一朝鮮で再び戦争が起これば、米兵は誰一人として生きては帰れないであろう。朝鮮人民軍の戦闘力と武装装備は、さる朝鮮戦争の時とは比べ物にならないほど精強・精鋭化した。

金正日委員長の先軍政治が推し進められている限り、北朝鮮の社会主義制度は社会主義勢力の堅牢な砦として光り輝くであろう。このことと関連して米VOA放送までもが、「社会主義制度を『銃と剣』で守る朝鮮人民軍がある限り、北朝鮮の社会主義制度が崩れることは絶対にないであろう。」と伝えた。

朝鮮労働党の先軍政治は、帝国主義勢力の無謀な軍事的侵略行為を断固として粉砕し、社会主義偉業をかたく守り通す政治方式である。

帝国主義勢力が社会主義勢力を打ち倒そうと必死になって飛び掛かってくる状況の下では、社会主義勢力を守る問題を前面に押し出して戦わなければ社会主義制度は崩れてしまうというのが、ソ連と東欧共産圏の社会主義制度崩壊が遺した痛恨の教訓である。帝国主義勢力が社会主義勢力を抹殺せんとする野望を抱いて機会到来をひたすら待っていた時に、ソ連、東欧諸国の党は敵を友と見なして自ら武装解除した。階級闘争の原理を無視すれば、敵も友と見なして銃を下ろしてしまう。

帝国主義勢力は、社会主義の国家と党と国民をして階級闘争の原理を忘却するように導くために、ドルと援助というあめ玉を見せびらかしながら誘惑した。ドルとあめ玉は「平和的な移行」戦略を実現するための帝国主義勢力の餌である。ドルが帝国主義勢力の援助に期待をかけさす誘惑の釣り針とするなら、あめ玉は「銃と剣」を投げ出して投降させる麻薬である。

先軍政治は、帝国主義勢力のドルとあめ玉の誘惑には、「銃と剣」を手に立ち向かう階級闘争を強化する政治方式である。先軍政治は、軍と国民をして帝国主義勢力のドルや援助ではなく自分自身の主体がもつ力を信じ、あめ玉ではなく鉄砲玉を貴んで暮らし闘って行くようにする。

したがって先軍政治が実現した北朝鮮では、階級的に弛緩する機会を狙って「銃と剣」を投げ出させようとする帝国主義勢力の権謀術策は通じない。ここに先軍政治が階級闘争の原理を具現し徹底した反帝政治となる根拠がある。

反帝思想は「銃と剣」に結びついてはじめて社会主義制度を守る力と成り得る。

北朝鮮はアメリカと比べて、人口の上では十分の一、領土から見ると七十八分の一にしかならない。人口と領土の大きさから見て北朝鮮がアメリカを相手に戦って勝つなどと考える人は稀であろう。アメリカも超大国としてのこのような打算から、北朝鮮の社会主義制度を倒壊させようとちょっかいを出した。

アメリカはソ連と東欧で社会主義制度が相次いで崩れるや、北朝鮮のような小さな国で社会主義制度を崩すのは容易であろうと打算した。アメリカのこのような打算は、その後の告白によって余すところなく暴露された。

一九九四年一〇月、北朝鮮との核対決においてアメリカが惨敗を喫して朝米基本合意書にサインし、米大統領をして保証書簡を出さしめたのは、北朝鮮の大いなる勝利であった。しかしアメリカの戦略家らは、今は自分らが負けたように見えるが最後は自分らが勝つと打算していた。当時英紙ガーディアンは「クリントン行政府は、北朝鮮政権が今直ぐにでも崩壊すると確信していたのでピョンヤンと合意した、ということを今になって告白した。」と報じた。

アメリカは近い将来の北朝鮮崩壊を予測して眼前に迫った問題で譲歩する策略を執ったのだが、それは功を奏さなかった。アメリカは反帝思想と「銃と剣」が結合した先軍政治の威力を知らずに見え見えの手を使ってみたのだが、国際社会で敗北者と公認されてしまった。

軍と国民が反帝思想を身につけて先軍の道を進むならば、社会主義勢力は不敗である。「銃と剣」のみが社会主義制度を守り通せるというのが現代史の教訓である。

先軍政治が社会主義の基本政治方式となるのは、それが社会主義制度の本質的な特性を強化するからである。

社会主義政治での基本は、社会主義社会の本質的な特性を強化することにある。

社会主義制度に固有な特性を上手に保存し積極的に奨励する政治のみが、社会主義制度を発展させる基本政治方式と成り得る。社会主義社会の本質的な特性は、国民が社会の主人としての地位を占め、かつ主人としての役割を果たす、本当の意味での国民の社会である、という所にある。社会主義社会が発達すればするほど、国家と社会の主人としての国民の地位と役割は益々高まる。これは社会発展の法則である。

社会主義社会が発達するということは、社会において国民が占める地位と果たす役割が益々高まるということを指し、社会において国民が占める地位と果たす役割が益々高まるということは、国民の自主性と創造性と意識性が高まるということを意味する。これは社会主義社会の発達過程が、他でもない社会の主人としての国民の自主的な地位と創造的な役割が高まる過程であることを意味する。

社会主義政治はこのような歴史の流れに沿って、国民の主人としての地位を確実に保障し、主人としての責任と役割を全うすることが出来るものでなくてはならない。社会主義社会の主人としての国民の地位と役割は、独りでに高まるものではない。それは社会主義政治によって成し遂げられる。社会主義社会において国民の地位と役割に関する問題をスムーズに解いていってはじめて、社会主義社会の本質的な特性の強化も、社会主義社会の発達も成し遂げることが出来る。したがって社会主義社会発展の法則に合わせて国家と社会の主人としての国民の地位と役割を高められる政治のみが、社会主義の基本政治方式と成り得る。

朝鮮労働党の先軍政治が、国家と社会の主人としての国民の地位を確実に保障し、彼らをして主人としての責任と役割を全うすることが出来るようにすることから、社会主義の基本政治方式となるのである。

先軍政治は、社会主義政治を敷く上で持ち上がる独裁と民主主義の関係を、最も正確に解いていける政治方式である。

社会主義社会において国家と社会の主人としての国民の地位を確実に保障し、国民が主人としての役割を円滑に果たすためには、独裁と民主主義がうまく噛み合わなければならない。民主主義政治とは国民の意思を集大成した政治である。言い換えるならば、国家が労働者や農民や知識人をはじめ広範な国民の意思に従って政策を策定し、国民の利益に合わせてそれを貫徹し、国民に真の自由と権利および幸福な生活を実質的に保障する、これが民主主義政治なのである。

民主主義政治は国民の地位と役割を侵害する要素に対しては、独裁を科することを前提とする。国際舞台で社会主義勢力が弱体化したのを機会に、敵対階級の策動は益々強まっている。階級闘争が益々先鋭化している状況の下で、独裁と民主主義の組み合わせが一層切実な問題として浮かび上がってくる。独裁は階級的な敵対分子に的を絞り、民主主義政治は勤労国民を対象とする。階級的な敵対分子に対する徹底した独裁と、これと適切に噛み合った民主主義の保障、ここに社会主義社会での民主主義即ち社会主義的民主主義の特徴がある。

社会主義的民主主義が本当の意味で優れている点は、国民に社会の主人としての政治的自由と権利を実質的に保障し、国民に幸せで裕福な生活を全面的に保障し、人々の間での協調と団結および社会の政治思想的な統一を絶え間なく発展させる、という所にある。

社会主義的民主主義は国民が主となった社会主義国家の政権が実施する政治活動方式である。社会主義国家の政権は、国民に主人としての権利を保障し彼らに自主的で創造的な生活を保障する、社会の最も包括的な政治組織である。社会主義的民主主義の実現は先軍政治によって保障される。先軍政治は精強な軍事力をもって、国民が主となった社会主義政権をがっちりと保護する威力ある政治方式である。精強な軍事力は、敵対勢力と帝国主義勢力の侵略策動を粉砕する威力ある手段である。階級的な敵対分子に対する社会主義国家の独裁も「銃と剣」によって保障され、国民の権利と利益を擁護する民主主義政治も「銃と剣」によって保障される。「銃と剣」無くして社会主義政権の誕生も存在も有り得ないのである。

「銃と剣」が弱いとか揺れ動けば、反国民的な「民主主義」が跋扈し始め、最後には社会主義国家の崩壊をもたらす。ルーマニアでの出来事がこの代表的な実例である。

一九八九年一二月二一日、ルーマニアではソ連から流れ込んだ「改革」や「改編」の風潮に乗って動乱が起きた。ルーマニア大統領チャウシェスクは翌日、戒厳令を宣布して防衛相に反乱の鎮圧を命じた。然るに軍部はこれを拒絶した。兵士らは、デモ行列の中に混じり込んだ反社会主義分子らが自分らも「国民」だとしながら「君らには親兄弟がいないのか」、「君らは国民のパンを食べている」という喚声に動揺して銃を下ろしてしまった。ルーマニア大統領は結局逮捕されて処刑され、引き続いて党も社会主義政権も崩壊したのである。ここには独裁と民主主義に関する深刻な問題が隠されている。

社会主義の党と国家を転覆しようと企てた反社会主義分子らは、軍によって鎮圧されてしかるべき独裁の的なのである。然るに彼らは民主主義の自由と権利を謳歌すべき国民の一員であるとのデマ宣伝を流した。国民に成りすました彼らの、国民の敵としての化けの皮を剥がすことが出来ず、独裁を科すべき対象を民主主義の対象として取り違えれば社会主義制度を倒壊させることになる、これがルーマニア事変が遺した教訓である。

「銃と剣」一般がすべて善いのではなく、国民のための「銃と剣」、革命的な原則に支えられた「銃と剣」のみが、正義の「銃と剣」となり社会主義政治の宝刀に成り得るのである。

先軍政治の特徴は、国民のための軍事力、軍事力を中心にした政治である、という所にある。先軍政治では独裁の刃を鋭く磨いて国民の権利と自由を保護し見守るという点が透徹している。したがって先軍政治では、軍事力即ち社会主義の国力であり、軍の運命即ち社会主義国家の政権の運命となっている。先軍政治のように社会主義政権を武力をもってしっかりと守る政治方式は他にない。社会主義社会において先軍政治を実現することは、国民に自主的権利と幸福をもたらす社会主義政権を保護するための最も正当な処置となる。先軍政治によって社会主義政権がしっかりと守られる。社会主義政権は国民の自主的権利の代表者、国民の創造的能力の組織者、国民厚生の責任を担った戸主、国民の自主権の保護者として、社会主義的民主主義を徹底的に実現していくのである。

先軍政治は仁徳政治を実現する確実な保障である。社会主義社会で国民が国家と社会の主人としての地位を占め、主人としての役割を果たしていくためには、仁徳政治を実施しなければならない。仁徳政治は国民に対する大いなる慈愛と信頼の政治である。仁徳政治は慈愛と信頼で国民を政治の主人の座にすえ、国民をして尽きることの無い力を発揮させて社会主義社会を完成させていく政治、国民の社会政治的生命を貴んで保護し、国民の自主的で創造的な幸せな生活を責任をもって見守る政治である。

したがって仁徳政治は国民の自主的な要求と意思を、党と国家のすべての政治活動上の最高原則、国民厚生の増進を政権活動上の最高原則として定め具現する政治である。

反帝階級闘争が熾烈に繰り広げられている状況の下で仁徳政治を円滑に推し進めるためには、先軍政治を行わなければならない。

金正日委員長は「社会主義社会で仁徳政治は『銃と剣』と矛盾せず、力強い『銃と剣』を前提とします。」(図書「我が党の先軍政治」二〇〇六年二一九頁)と述べた。

資本主義社会で軍は特権層の支配と暴圧の手段となっているが、社会主義社会では国民のために服務する。社会主義社会では軍が手にした「銃と剣」が国民に対する慈愛と信頼の政治を実施する前提となる。仁徳政治を受け持って行うのは社会主義国家の党と政府である。仁徳政治を成功裏に推し進めていくためには、社会主義国家の党と政府が鉄壁のように保護されなくてはならない。軍事力によって保護されない社会主義国家の仁徳政治などは、確固たるものとはなり得ない。

社会主義勢力に対する帝国主義勢力の圧迫が前例に無く強化されている現今、先軍政治を抜きにして仁徳政治について考えることも出来ない。先軍の「銃と剣」は敵を粉砕する「銃と剣」であり、国民の幸福を守り通す「銃と剣」である。したがって仁徳政治と「銃と剣」は矛盾すること無くつながっている。強い「銃と剣」は仁徳政治の前提である。先軍政治と仁徳政治は切り離すことが出来ずにつながっている。仁徳政治は先軍政治によって保障され、先軍政治は仁徳政治を礎にしてこそ大きな威力を発揮することが出来るのである。

自衛の「銃と剣」があればこそ国民が存在し、国民の利益が守られ、国民の幸せな生活が保障される。「銃と剣」によって国を守り社会主義制度を守護することをさし置いて、国民にとってより大きな慈愛と大きな信頼はない。このような意味から先軍政治は国民に対する慈愛の政治であり信頼の政治だと言える。「軍事重視」を国事の中の最優先国務と見なして国防力の強化を優先視する先軍政治を行う時にのみ、国民の利益と尊厳が最上のレベルで徹底して守られるのである。

先軍政治は軍を拠りどころにして愛国と愛族と愛民の理念を実現する政治である。先軍政治は軍をして愛国と愛族と愛民の理念を実現することを命と見なすように導く。したがって先軍政治下では、軍が祖国の防衛者としてのみならず国民に幸福をもたらす開拓者となり、国家と国民の無窮の繁栄のための闘いの第一線に立って奮闘し偉勲を立てることになる。

金正日委員長の先軍政治によって国民の軍として生き闘う革命軍が、国民をいかに愛し彼らのためどのように服務しているのかは、一九九五年の水害に襲われた時に朝鮮人民軍が果たした役割からもうかがい知れる。

この年の八月初めから、新義州一帯は連日の豪雨で降水量が平年の三倍にもなり、鴨緑江の水位が八・五メートルまで上がり鴨緑江下流流域では数千名の命が危険にさらされた。金正日委員長はこのような危急の瞬間に人民軍の陸海空軍部隊を出動させて、罹災者らを救えとの非常命令を下した。上空にはヘリが飛来し、地上には高速輸送艇と水陸両用装甲車が進入して、洪水の渦中に生まれた新生児は言うに及ばず罹災民を一人残らず安全な場所に移した。金正日委員長は水害復旧期間、一瞬たりとも最高司令部の作戦テーブルの脇を離れずに作戦を指揮した。

金正日委員長は、最終報告を受けた後に新生児までも救ったと言うから安心した、他の国では水害のために多くの人命が失なわれているが我が軍は一人の死者も出さずに皆救った、この事実は我が軍が国民に服務する国民の軍であるということを世の人々にはっきりと示したことになる、と述べた。

途方も無い水害から救われた北朝鮮住民は、軍を幸福の守り神として育て上げた金正日委員長に対する有り難さのあまり声を詰まらせながら、一命を投げ出すことがあろうとも金正日委員長と社会主義制度を守り通すと固く誓った。これは先軍政治即ち仁徳政治だと言うことを誇示した感動的な一大絵巻である。

先軍政治が社会主義の基本政治方式となるのは、それが社会主義社会発展の法則に則った政治方式であるからだ。

ある政治方式が社会主義制度の基本政治方式となるためには、社会主義社会発展の法則に則った政治方式でなければならない。

主体思想の社会歴史観によれば、社会主義社会は革命の主体によって発展する。したがって社会主義社会の発展速度は、革命の主体がもつ威力如何によって左右される。社会主義社会における主体—革命の主体とは、領袖と党と国民の統一体を指す。反帝が社会主義勢力の運命を左右するようになった先軍政治の時代に入って、労働者階級を柱に据えた従来の政治方式では、革命の主体は自己の威力を確実に発揮し得ない。社会主義社会を鉄壁のように守り社会主義発展をスムーズに保障するためには、労働者階級より革命軍を前面に押し出した政治方式を選択しなくてはならない。

革命軍は労働者階級より革命性と組織性が強く、規律が厳しい社会政治的集団である。したがって革命軍を核にして結束した革命の主体のみが、現代の社会主義社会発展の力強い推進力と成り得るのである。

先軍時代の社会主義国家建設は、一心団結した軍と国民の底知れない力によって推進される。軍と国民の一心団結した力によって社会の根本も強化され、経済力もたくましさを増し、社会主義制度も固守され発展するのである。軍と国民が一つに固く結束して闘っていくところに社会主義国家建設の原動力がある。

社会主義社会において軍と国民の一心団結は、党の指導の下に領袖を中心にして実現する。

革命隊伍内において領袖は革命の脳髄であり、党は革命の中枢組織となり、軍と国民は社会主義偉業を直接受け持って推し進める二大勢力となる。核の無い物質など存在しないと同じように、党と領袖を中心にすえて団結しない軍と国民は、脳と中枢を失いちりぢりばらばらになった烏合の衆に過ぎない。

党の指導の下、領袖を中心にして固く一心団結した軍と国民の統一体が他でもない先軍時代の革命の主体―社会主義社会の主体である。金正日委員長が提唱した「先軍時代の革命の主体は領袖と党と軍と国民の統一体である。」という命題は、主体革命の新たな時代である先軍時代の社会主義国家建設を受け持つ革命の主体が、党の指導の下に領袖を中心にして固く一心団結した軍と国民の統一体であるという貴い真理を明示している。党と領袖の指導を心から実践していく軍と国民の一心団結した力は、帝国主義勢力の策動を断固として粉砕し、社会主義制度を擁護し固守して、その優越性を大いに発揮する力の源泉となる。

先軍時代の革命の主体は社会主義社会を発展させる原動力である。社会主義社会はこのような主体によってしっかりと根を下ろした堅牢な社会制度として存在し、あふれるバイタリティーを発揮することになる。革命の主体の統一と団結が強化され、その威力が大きくなるにつれて軍事力と経済力が増強され、国民生活も向上し、社会制度も益々強固になり発展していく。

社会主義国家建設の過程とは結局、取りも直さず領袖と党と軍と国民の統一体である社会主義社会の主体を強化していくという、歴史の法則に沿った過程なのである。これが先軍時代における社会主義国家建設に関する歴史発展の法則なのである。

社会主義社会の発展がその主体にかかっているとすれば、社会主義社会の主体をどのように強化していくのかという問題は、社会主義偉業の成否を左右するキー・ポイントとなる。

社会主義制度を擁護し固守して前進させる上で、領袖と党と軍と国民の一心団結を強化して社会主義社会の主体を強化する道以外、他にどのような方法も有り得ない。社会主義社会の主体が独りでに構成され、そしてその威力が発揮されることはない。それは正確な政治方式によってのみ可能なのである。社会主義社会発展の法則に沿って社会主義社会の主体の構成を完全無欠に調え、その威力を強化していく政治方式が社会主義の基本政治方式となるのである。

先軍政治は軍と国民をして自己の指導者を中心に固く結束させる政治方式である。社会主義社会の主体は指導者を中心とした党と軍と国民の統一体であり、指導者に対する絶対的な崇拝が一心団結の根本的な核をなしている。

全社会の一心団結と精強な軍事力は社会主義社会の発展を保障する二大要因である。

金正日委員長は「我々の力の源は大きく分けて二つだと言えます。一つは全社会の一心団結であり、今一つは強い軍事力です。精強な軍事力を保有することなくただ単に大国と親しく過ごそうとするならば、昔日の大院君や閔妃の運命を免れません。」（二〇〇〇年八月一二日『韓国言論社代表団のために設けた午餐会から』）と述べた。

全社会の一心団結は、先軍時代の革命の主体である領袖と党と軍と国民の統一団結の中でも最高のレベルにあり、精強な軍事力は革命の主体による社会主義社会の発展を保障する決定的な条件となる。

社会の発展法則はその作用条件が調った時に実現する。革命の主体による社会主義社会の発展法則に沿った前進過程は精強な軍事力をバックにして実現する。したがって革命の主体プラス精強な軍事力イコール社会主義社会の発展だと言える。

社会主義社会発展の二つの要因はともに先軍政治によって創出され強化される。先軍政治において革命の主体は、領袖と党と国民の統一体から、領袖と党と軍と国民の統一体として発展する。これは軍が社会に属する平凡な集団から、国民の最も核心的な集団として革命の大黒柱―主力軍の地位に格上げされたことを意味する。これによって革命の主体の構成が完全無欠になり、革命の主体は激烈な反帝階級闘争期にもあふれる生活力を発揮するようになった。

先軍政治は精強な軍事力を創出して、革命の主体による社会主義社会の発展を円滑に成し遂げるようにする。強い軍事力無くしては社会主義国家の防衛もままならず、革命の主体も守りきれない。革命の主体と精強な軍事力を保有するとき、社会主義社会の発展をその法則に沿って主導的に実現することが出来るのである。他でもなくここに、小国と言えども強国として尊厳を保ち、帝国主義勢力と力の対決をしつつも社会主義制度を円滑に強化し発展させられる秘訣がある。

先軍政治は一心団結に精強な軍事力をプラスした政治として、社会主義発展を保障する威力ある武器だ。北朝鮮式の社会主義制度こそが先軍政治によって守護され発展する社会主義制度である。先軍政治が無ければ社会主義制度も存在しえないというのが、峻厳な闘いの中で北朝鮮国民が体得した真理である。この真理を信念として受け入れたので、北朝鮮国民は先軍政治方式を創出し輝かしく具現している金正日委員長に全幅の信頼を寄せ、彼にすべての運命を任せているのである。

最も困難な時期に素手と麻袋で四〇余キロメートルの平壌―南浦高速道路を造成した北朝鮮青年らの世紀的な偉勲も、先軍政治を貫くところに自身の運命と幸せな未来があるという絶対的な確信にその源がある。

青年らは建設機材と燃料が著しく不足する厳しい条件の下で、七〇〇日（一万六千八〇〇時間）にわたる工事期間中に、四〇～五〇キログラムの土と石が入った麻袋を背負って一日四〇余キロメートルを走り、一千四百万トンの土砂を処理して、四〇余キロメートルに達する立派な高速道路を造成する奇跡を生んだ。

青年らの姿を目にした金正日委員長は、我が国の青年らが働く姿を見て感動のあまり涙を禁じることが出来ない、青年らが人々を大いに感動させるのは彼らの作業姿のみならず、そこに映る彼らの固い忠誠心と高尚な精神世界にある、平壌―南浦高速道路の建設現場に行って見れば誰もが、青年らがどのような思想と心持で働いているか良く分かる、と述べた。金正日委員長はそして、我が国の青年のように党と祖国と国民に忠実で純朴で誠実で勇敢な青年は世界のどの国にもいない、青年らを金襴の布団に座らせても惜しくない、と述べた。

重機が無く手作業で働く条件の下でも、一言の不平も言わずに世紀的な奇跡を生んだ青年らの胸に秘められていたのは、仮眠と握り飯で休みなく現地視察の道を歩み続け、国家と民族の運命を守り通そうとする金正日委員長に自分らの運命と未来をまるごと託すという信念であった。

西側諸国は北朝鮮の一心団結を注視している。米CNNテレビは、自国の指導者に対する絶対的な崇拝心に基づいた北朝鮮の一心団結について次のように伝えた。「領袖と国民が一丸となったこの特異な政治制度はこの世には無い。北朝鮮の最も大きな威力がここにある。今日北朝鮮の老若男女は一人残らず金正日委員長のためならば、肉弾となる覚悟が出来ている。事実、西側はこのために北朝鮮を恐れているし、核兵器をもってしてもこの国にたやすく手出し出来ないでいる。」

先軍政治の威力と生活力は、それが革命の首脳部と一心団結と社会主義制度が運命共同体になるよう促しているところに全面的に表れている。

革命の首脳部と一心団結と社会主義制度は、社会主義政治の運命を左右する三つの基本要因だと言える。この三大要因を統一させた政治方式のみが社会主義の基本政治方式として、社会主義勢力の勝利を確実に保障することが出来る。

先軍政治はこの三大要因の統一を実現させ、社会主義勢力の必勝を保障する威力ある政治方式である。先軍政治は革命の首脳部を「決死擁護」し、一心団結を手を尽くして強化し、社会主義の旗幟をかたく守るように率いる。

革命の首脳部は党と軍と国民の運命であり、一心団結の根本的な核である。革命の首脳部は、北朝鮮革命の総参謀部として正確な指導思想と戦略戦術を打ち出し、党と軍および国民を一つに固く結束させて革命勝利へと導く指導的な役割を果たす。

党と軍と国民は、革命の首脳部を「決死擁護」する砦である。党と軍と国民が革命の参謀部を「決死擁護」

すること、これが取りも直さず先軍時代の一心団結であり社会主義の勝利なのである。

革命の首脳部と一心団結と社会主義制度が運命共同体となり、社会主義社会を鉄壁の如く守り社会主義発展を保障するところに先軍政治の威力がある。

革命の首脳部と一心団結と社会主義制度は「領袖決死擁護」の精神を礎にして一つに統一されている。「領袖決死擁護」の精神は朝鮮人民軍と国民をして世界第一の精神的強者につくり上げる力の源である。

金正日委員長は「スターリンは大砲を『戦争の神』と見なしたが、私は軍人精神を『戦争の神』だと主張します。精神的強者こそ何をもってしても計りきれない宇宙での最強者だと言えます。我が軍は最高司令官のみを知る、この世の中で最強の精神的強者であり集団であります。」（図書「我が党の先軍政治」二〇〇六年一九九～二〇〇頁）と述べた。

金正日委員長を最高司令官として戴いている朝鮮人民軍は、「領袖決死擁護」の精神が透徹した領袖の軍、最高司令官の軍としての誇りに満ちている。北朝鮮軍は最高司令官を最前線で決死擁護する「領袖決死擁護」の近衛兵である。領袖を擁護するためには城砦となり、盾となり、肉弾と化すのが北朝鮮軍の特質であり威力である。

「領袖決死擁護」の精神が体質化した時、命を惜しまず突撃していく「肉弾精神」や「自爆精神」を生むということは、潜水艦の乗組員が見せた偉勲が良く物語っている。

ある年の九月、北朝鮮潜水艦が訓練中に座礁し乗組員らは韓国の海岸に上陸したが全員が自決した。残った何人かの戦闘要員は、超人的な力を振り絞って韓国軍を相手に戦いながら無敵強兵の威力を示した。これについて米ＶＯＡ放送は次のような内容でニュースを伝えた。「愛する妻や子供や同僚を手の届く所におきながら、十代でも二十代でもない四十代と五十代の将兵一〇余名が、生きて囚われの恥辱は受けないとの一心から、名も知れない土地で自ら命を断ったということ自体が到底信じられない出来事である。作戦を最後まで指揮した米韓連合司令部と韓国軍の前方司令部のすべての高位将官や将校および兵士らは、この空恐ろしい光景を目にして戦慄したという。そして今でも、九月中旬から一一月初めまでにいわゆる「共産匪賊討伐」に駆り出された数多くの韓国軍と警察官と民防衛隊員らは、夜中にビックリして目を覚ましては冷や汗をかくことがあるという。草の根や球根で喉をうるおしながら最後まで抵抗し続けた潜水艦事件のヒーローらは、今でも恐怖と戦慄の対象となっている。」

領袖を「決死擁護」する「肉弾精神」や「自爆精神」は朝鮮人民軍のみが備えた特質であり、これによって人民軍は北朝鮮社会の中で「領袖決死擁護」の見本となっている。

今日北朝鮮国民は、人民軍の思想精神的風貌に完全に似通ってきており、誰もがみな「領袖決死擁護」の精神で生き戦うことが最大の生きがいであり幸せであると考えている。労働者階級と農民と知識人が自力更生の旗印の下で、社会主義の国造りにおいて世紀を揺るがす奇跡と偉勲を打ち立てているのも、青年らの精神道徳的風貌が崇高なレベルで発揮されているのも、すべて「領袖決死擁護」の精神が体質化したところにその秘訣がある。

(三) 愛国、愛族、愛民の政治方式

先軍政治は祖国と国民の利益を擁護し、民族の尊厳と自主権を守り、民族共同の繁栄をもたらす、真の愛

国と愛族と愛民の政治方式、民族重視の政治方式であるという特徴を有している。

金正日委員長は「我が先軍政治は、徹頭徹尾国民のための政治です。」（「金正日選集」一五巻三七五頁）と述べた。

先軍政治が愛国と愛族と愛民の政治方式となるのは、国家と民族と国民の関係から考察した先軍政治の特徴である。国家と民族と国民は非常に重要な社会政治的概念である。

ここで基本となるのは国家である。国の中に国民が存在し民族が存立する。国があってはじめて自主的な国民が存在し、民族の自主権も考えられる。したがって国家に対する態度に国民と民族に対する態度が集約的に表れることになる。

国に対する態度は大きく愛国と売国に分けられる。愛国的な政治なのか売国的な政治なのかというのは、その政治を特徴付ける重要な尺度となる。愛国と愛族と愛民はその政治の正当性と生命力を保障する重要な尺度となる。

政治の強固さと牽引力は国民がその政治をどれほど支持し信頼しているかにかかっている。国民の支持を失った政治は自己の固い社会政治的基盤を失った政治、砂上の楼閣と同じ政治であり、あらゆる偏向と紆余曲折の中で右往左往し、結局は歴史の舞台から姿を消すことになる。

政治が国民の支持と信頼を得た強固で牽引力のある政治となるためには、それが国家と国民と民族に対する慈愛で貫かれた愛国と愛族と愛民の政治となるべきである。国家と国民のために尽くし民族の利益を擁護する愛国と愛族と愛民の政治のみが、国家と国民と民族の支持と信頼を得、国民の運命を開拓する上で不敗の威力と生命力を発揮することが出来るのである。

政治一般が皆そうであるが、特に軍事と結びついた政治の場合は、愛国と愛族と愛民の性格を帯びることが重要な問題となる。

それは軍事と結びついた政治が「銃と剣」を重視する政治だからである。「銃と剣」は特殊な暴力手段である。搾取階級の社会で「銃と剣」は、多くの場合支配の手段として利用されてきた。したがって搾取階級の社会で軍事と関連した政治は、暴力中心の政治となり反国民的な性格を帯びることになる。愛国と愛族と愛民は「銃と剣」の本質を分かつ基準である。「銃と剣」が愛国と愛族と愛民の性格を帯びなければ、それは国力を弱め、国民を抑圧し、同族を害する作用をする。

「銃と剣」は愛国と愛族と愛民の性格をまとめて帯びなければならない。

世界には単一民族で構成された国家もあり、多民族からなる国もある。単一民族国家であろうと多民族国家であろうと「銃と剣」が愛国と愛族と愛民の性格を帯びてこそ、「銃と剣」は正義の手段と成り得る。単一民族からなる真に国民のための国家では、「銃と剣」の愛国と愛族と愛民の性格を保障する問題は比較的にたやすく解決することが出来る。それは単一民族からなる国では、国家と国民と民族の利害関係が一致するからである。

朝鮮のように民族が分断されて南北に異なる政権が存在する状況の下で、愛国と愛族と愛民であるか否かを分かつ問題はその政権の性格によって決まる。朝鮮民主主義人民共和国は日帝からの解放をめざして戦った革命家と愛国者の手で創建された朝鮮民族の自主政権である。この政権は朝鮮人の利益と志向と未来のすべてを包容している。一方、大韓民国は旧親日派勢力をかき集めてアメリカがねつ造したかいらい政権である。韓国国民の血みどろの闘争に圧されて近年少しずつ対米自主性を示そうとしているが、基本的にはいまだ対米従属政権である。北朝鮮が高く掲げた「銃と剣」は、北朝鮮国民のみならず、全朝鮮民族を保護する正義の武器なのである。このような事由からして北朝鮮の先軍政治は、必然的に愛国と愛族と愛民の性格を帯びることになる。

多民族国家の場合、「銃と剣」の愛国と愛族と愛民の性格に関する問題は大変複雑である。それは多民族国家において国家の利益と民族同士の利益の一致を保障する問題がそう簡単ではないからである。ソ連で崩壊の本格的な兆候が表れたのは他でもない、国家の利益と民族の利益の不一致に端を発した少数民族の独立運動が起きた時からである。多民族国家において愛国を除いた純粋な「愛族」は、自民族の利益のみを追求する狭小な行為となる。したがってそれは国の利益を害し同国民が相争う事態にまで追いやる危険性を孕む。現代、国際的な問題として拡大しつつある種族紛争や民族紛争はこの実例となる。国家の利益に自分の種族や自民族の利益を対置させ、一〇代の子供にまで銃を担がせた種族紛争や民族紛争の悲劇は、愛国と愛族と愛民の統一が非常に難しく、この三者の統一は的確な政治によってのみ成し遂げられるということを実証している。

銃は人類史の上で、戦争が休み無く繰り返される過程で造られた。我が国において銃の由来は比較的に古い。我が国ではすでに一〇世紀以前に銃が戦争に使われたとの記録がある。ヨーロッパにおいては、一五世紀末に大砲の縮小型として出てきた火縄銃に由来すると見ている。人類史を振り返ると、銃が政治の手段として利用されてきたことが分かる。

「銃と剣」がどのような政治に利用されて来たかによって、愛国と売国、愛族と売族の手段としての評価を受ける。韓国軍が売国・売族の輩と糾弾されているのは、アメリカとそれに追従する売国奴による民族分裂策動の手段、同族に狙いを定めた侵略の手段となっているからである。

先軍政治が真の愛国と愛族と愛民の政治となるのは、国家と国民の自主権と尊厳を最も徹底的に擁護する政治方式であるからだ。

金正日委員長は「国と民族の自主性を固守し利益を守る上では、なんと言っても軍が強くなくてはなりません。」（二〇〇〇年八月一二日『韓国言論社代表団のために設けた午餐会から』）と述べた。

国家と国民に対する最大の慈愛は、国家と国民の自主権を擁護することに表れる。

自主権は国家と国民にとって命のように尊い。自主権を侵害された国と民族は、存在することも発展することも出来ない。国家と国民が自主権をもってこそ自主的な国家として自主的な国民として尊厳を保ち、国際舞台においても自己の要求と利益を貫徹することが出来る。

自主権とは、自主性を行使し得る権利を指す。自主性は国家が国家として存在し得る基礎であり、国家が尊厳を保ち堂々と活動し得る保障である。自主性を保有する国家の国民のみが自主的な国民になれる。

国家と国民の命である自主性が国家活動と国民生活の中に固着し発揚されるためには、正しい政治方式によるバックアップがなければならない。

先軍政治は国家と国民の自主性を保障する威力ある政治方式である。「銃と剣」による保護なくして国家と国民の自主権の行使は考えられない。先軍政治下では、国家は尊厳を保ち国民は幸せな生活を営むようになる。したがってこれより大きな愛国愛民など有り得ない。

主体思想の社会歴史観は、国家発展の歴史とは自己の運命を自主的かつ創造的に開拓していく歴史であるとしている。しかし実際の人類史は、国家の発展が他国の支配や干渉を受けることなく正常の軌道上を独自に走ってきたのではなく、強大国によって侵略や略奪を受けたとか、植民地にされたという曲折を経て来たことを示している。このために大分前から多くの国が、国の自主権の守護が愛国になるという真理を悟って、この問題に深い関心を寄せてきた。人類史は、自主権を守り行使した国は栄え強大になるが、自主権を侵害されたり失ったりした国は国力が弱まり、最後には滅亡するという教訓を遺した。

国家の自主権は国民の命である。それは国の運命の中に個人の運命が含まれているからだ。国民は国家と民族を単位として生活の場を作り運命を開拓していく。国家が一本の木だとしたら個人はその木に生えた数千数万の葉のようなもので、国家の運命が正しく開拓されてこそ、その中に住む個人の運命も正しく開拓されて行くのである。

国家が自主性を堅持すればその国民は自由で幸せな生活を味わえるが、そうでない場合は不幸な運命に陥る。国家の自主性が実現されてこそ、個人の自主性も実現される。自国が他国に隷属された日には、誰一人として亡国の民としての運命を免れられない。

自主権は国家の基本権利である。国権の基本的な核である自主権は、国家政治において個人の運命を左右する基本要因でもある。

国家の自主権を守れない政治は、本当の意味での政治とは成り得ず、愛国ではなく必ず売国へと行き着く。愛国的な政治は自主権を守り抜き、売国的な政治は国家の自主権を喪失させるというのは、歴史によって確証された真理である。

李朝末期に無能な封建統治者らが売国的な政治を行ったために、朝鮮は日本の植民地に転落してしまった。売国的な政治は必ず亡国の悲劇をもたらし、国家が滅亡すれば国民は植民地の奴隷と化してしまう。過去に朝鮮を強奪した日本は、数百万に及ぶ無辜の民を野蛮にも虐殺し、数多くの青壮年を戦争と軍事施設の建設現場や炭鉱、鉱山に強制連行し、数多くの朝鮮人女性を日本軍の「慰安婦」として引き連れて回り「性の奴隷」にした。

軍国日本による朝鮮人強制連行に関する記録が最近新たに公表されて人々の激憤を買っている。今日まで、軍国日本によって植民地時代に強行された強制連行者の数は六〇〇余万名とされてきた。しかし最近になって再調査した結果によれば、過去軍国日本が強制的に徴発した朝鮮の壮青年数は八〇〇万名に及ぶと言う。この内、陸軍の「志願兵」名目による事実上の強制徴兵一七六六四名、陸海軍の徴兵が二四〇八四七名、学徒兵が四三七八名、陸海軍の軍属が一五四一八六名などで、強制連行者総数だけでも七七八万四八三九名、日本軍の慰安婦は二〇万名を上回る。国を失うと、こうなる（二〇〇五年四月二四日付『労働新聞』）。

今日の韓国は、アメリカの新植民地支配下で自主権を失い、言い尽くせぬ苦痛と屈辱に苦しみ悩まされている。

このことは「韓米行政協定」によっても良く分かる。駐韓米軍の地位を規定した「韓米行政協定」は、アメリカが韓国に対する支配を実現するための制度的な処置として一九六六年七月に締結された。「韓米行政協定」は米軍の駐屯と米軍の蛮行を合理化し助長させる悪法である。この協定は、駐韓米軍の施設と区域と地位に関する規定において、完全に一方的かつ不平等が貫かれていることで特徴付けられている。

協定によれば米軍は、韓国内で必要とする土地は意のままに利用することが出来、その上すべての施設や区域を無償で使用する権利を有しているのみならず、米軍の維持に必要な費用まで韓国が負担することになっている。

刑事裁判権の問題に関してもこの協定は全く不当である。協定によれば、米軍人が罪を犯した場合でも、米軍当局が公務執行中に起きた事件だと主張し米軍当局が処理すると申し入れさえすれば、韓国当局は裁判権を放棄せざるを得ないのである。

この協定によってアメリカは、韓国から膨大な予算をもらいながら韓国に対する軍事的支配を強化している。駐韓米軍はこの協定を後ろ盾に、殺人や強盗や婦女暴行などの凶悪犯行を仕出かしながら、韓国国民を苦痛と不安と恥辱の溜まり場へと追いやっている。

二〇〇二年六月、韓国で一〇代の女子中学生二人が駐韓米軍の装甲車に轢かれて無惨に殺害されるという事件が発生した。

アメリカはこの事件に関連して、当然韓国民に謝罪して犯罪者を処罰すべきであった。しかしアメリカは女子中学生を殺害した米兵らに無罪の判決を下して自国に帰国させた。

この事件が、韓国が恥辱を受けた形で幕を下ろすことになったのは、不公平な「韓米行政協定」があるからなのだ。この協定によって韓国民は、米軍からどのような苦痛や不幸をこうむろうとも、まともに裁判に訴えることが出来ないよう法制化されているのである。

この協定の不公平さについて元米法務長官までが「一方の利益だけを代弁する行政協定は、いつでも平和の障害物となる。外国軍が駐屯している国ではそれがどの国であろうとも、自由と自主権があったためしがない。」と吐露した。国家の自主権が揺らぐことなく保護されてはじめて、個人の生命も尊厳も保障されるのである。

国家の自主権を取り戻し固く守り通すためには、精強な軍事力を保有しなくてはならない。

帝国主義国家が歴史に出現し自己の支配領域を拡大せんとする野望を捨てない限り、どの国であろうとも強い軍事力を保有せずには、平安に暮らし発展することが出来ない。人類史をひもとけば分かるように、他国の侵略を受けて滅亡したか隷属した国の例を取ってみれば、大半が国を守る軍事力を保有していなかったところに原因があった。国家の尊厳と利益を守り通せる強い軍事力は、「銃と剣」の重視および「軍事重視」の思想を具現した先軍政治によってのみ保有することが出来る。そのような政治方式が他でもない先軍政治なのである。

先軍政治は自主性を国家と国民の命と見なす政治である。

したがって先軍政治を行ってこそ、国の自主権と尊厳を守るのに必要な精強な自衛の軍事力をしっかりと調えることが可能である。軍の強化、これが先軍政治が掲げる第一の課題である。先軍政治を行えば、革命軍を政治思想的にしっかりと武装させ、新鋭の戦闘兵器で装備させ、現代戦に相応した戦略システムを構築することが出来る。先軍政治によって培われた軍事力は、この地球上のどのような大敵の侵略も断固として打ち破り国家の自主権を立派に守り切るのである。帝国主義侵略勢力の如何なる挑発策動も一撃で撃破することの出来る自衛力を調えること、ここに国家の自主権と尊厳を守り通す先軍政治の不敗の威力がある。

先軍政治が真の愛国と愛族と愛民の政治となるのは、それが朝鮮半島の平和と民族の安全を確実に保障している政治であるからだ。

金正日委員長は「我々の敵は韓国ではなく米帝であり、我々の戦いは米帝との戦いであります。」（図書「我が党の先軍政治」二〇〇六年二〇五頁）と述べた。

先軍政治は愛国と愛民の政治であると同時に愛族の政治でもある。

先軍政治は北朝鮮国民のためだけの政治ではなく、韓国民を含む全朝鮮民族の利益を擁護し守る、全民族を包括した愛族の政治である。民族に対する愛情は、外部勢力から民族を守り通すところに集中的に表れる。朝鮮半島において戦争の危険を取り除き平和を守護することは、民族の生存と安全を保障するための切迫した要求である。我が三千里国土は、朝鮮民族の生が根を下ろし、五千年に及ぶ歴史を刻んできた揺りかごである。たとえ今日は外部勢力のため南北に分かれて暮らしてはいても、民族の血筋は熱く波打ち、単一民族としての運命を共にしようとする絆は強い。分かれては暮らせず、合わさればより大きな一つになるという単一民族意識が、全同胞の魂と血の中で強烈に躍動している。

先軍政治の愛族的性格は、朝鮮半島で戦争を防ぎ民族の安全を守り通しているところに表れている。朝鮮半島での戦争の危険性は、アメリカによる韓国占領と新たな戦争を挑発する策動によって生じている。アメリカは韓国の「保護者」であると自称し、北朝鮮に対する戦争が韓国の利益に適うかのように歪曲している。これは完全な詭弁に過ぎない。アメリカのこのような主張には、南北間に分裂の楔を打ち込み同族同士を相戦わせる奸悪な企てが隠されている。

アメリカのこのような企ては、社会主義北朝鮮を抹殺して、朝鮮半島をアメリカの単一支配下に置こうとする帝国主義的野望の発露である。朝鮮労働党はアメリカのこのような凶悪な企てを見抜いて、我々の敵は同族ではなくアメリカであると宣言している。

先軍政治は朝鮮労働党のこのような対敵概念に基づいて打ち出された、反帝反米の性格を帯びた政治方式であり、全民族の利益と安全を守護する愛国的な政治方式なのである。

アメリカが我が国を南北に分断し朝鮮半島で侵略戦争を起す策動を瞬時も中止しないでいるのは、アジア太平洋地域を手中にしない限り世界支配は望めないという、覇権主義的な思考を固執しているからだ。アジア大陸とは直接陸続きであり、海を通して太平洋とつながっている朝鮮半島は、アジア太平洋のどの地域やどの国ともつながりを持つ上で非常に緊要な戦略拠点となっている。したがってアメリカ歴代の首脳級要人らは、朝鮮半島の戦略的重要性を強調し、北朝鮮に対する侵略的野望を露骨に表した。

二〇世紀の五〇年代にマッカーサーは「私は常に韓国を非常に価値が高い軍事的前哨基地だと認めてきた。」とし、元米国務長官であったダレスは、朝鮮半島をアジア大陸を意のままに切って食べることのできる短剣にたとえた。冷戦が終息した後、米ヘリテージ財団の極東安保担当の専門家は、「二一世紀のアメリカの対外政策における基本は対アジア政策」としながら、その中でも「朝鮮半島問題が基本焦点」になると力説した。

朝鮮半島を如何なる手段と方法を用いても必ず手中に収めようとするアメリカの凶悪な企てによって、朝鮮半島の上空には常時戦争の黒雲が漂い、我が民族の安全は常に脅かされている。朝鮮半島情勢はアメリカが故意に起した核騒動によって戦争前夜へと突っ走っている。アメリカは北朝鮮を核先制攻撃の目標と定めて敵対視政策を固執している。

このような策動は、ブッシュがホワイトハウス入りしてから一層強化された。ブッシュ二世は、クリントン政権時代に締結された米朝基本合意文を完全に踏みにじり、またしても北朝鮮の核問題を国際化しようと企てながら悪辣に策動した。

「九・一一事件」以降、「テロとの戦争」という看板の下に軍事力が弱いアフガニスタンのような国に攻め入って傲慢になったアメリカは、イラクを侵攻した後に朝鮮半島情勢を悪化させている。このような状況の下、朝鮮半島におけるアメリカの北朝鮮侵略策動を粉砕して平和を守り通すことは、南北の全朝鮮民族の生存と安全にかかわる切迫した民族的課題として持ち上がってくる。

万が一朝鮮半島で戦争が勃発するような事態が起これば、その惨禍をこうむるのは南北の全朝鮮民族である。したがって北朝鮮に向けられたアメリカの銃口は、結局は全朝鮮民族を引きずり込む戦争を勃発させることを意味する。

今日韓国民も遅ればせながらこの点を見抜いて、朝鮮半島の平和の破壊者がアメリカであるとの認識が広がっている。アメリカは北朝鮮の人民軍と国民の主敵であると同時に、全朝鮮民族の主敵でもある。

北朝鮮の先軍政治は、アメリカを全民族の敵として宣言し、アメリカの侵略から全民族を守護することを課題として取り上げている愛族の政治である。全民族を戦争の惨禍から救うための戦いは反帝軍事戦線において最も尖鋭に繰り広げられており、この戦いで民族が頼りにする力は北朝鮮の軍事力をおいて他にない。北朝鮮の軍事力イコール民族の軍事力である。

よって全同胞は北朝鮮の先軍政治が愛族的な政治だと認めており、先軍政治下で精強化した北朝鮮の軍事力を、民族の頼もしい大黒柱と見なしている。先軍政治が北朝鮮の範囲を越え、海外同胞の間でも共感の大きな輪を生んでいる理由が正にここにある。

愛国的な政治として全民族的共感を呼んでいるのは、先軍政治に織り込まれている原則的な平和観とも関係がある。

北朝鮮は、民族の平和は願うが、決して平和を物乞いしない。朝鮮労働党と軍と国民は、民族の自主権と尊厳が保障される平和のみが本当の平和だと見なす。北朝鮮はアメリカにつゆほどの借りも無く、アメリカが強硬策を執ったとしても恐れることも無い。したがって朝鮮労働党と政府は、民族の死活問題である朝鮮半島の戦争と平和の問題を、民族の命運をかけて自主的かつ原則的に、そして公明正大に取り扱っている。たとえ戦って死ぬことがあろうとも、奴隷のような屈辱的な平和の道は選ばないというのが北朝鮮の平和観である。

北朝鮮の先軍政治には「銃と剣」は即ち自主であり、自主即ち平和だという信念が織り込まれている。「銃と剣」の上に朝鮮半島の平和があり民族の安全も保たれるというのが、先軍政治に貫かれている思想である。軍と国民が生死を決断し、祖国と国民と民族の生存権を守り通そうとする意志にあふれているからこそ、先軍政治は防ぐことの出来ない大勢として大きな共感を呼び起こしているのである。

先軍政治が外部勢力の侵略から民族の安全と平和を守る愛国的な政治だという考え方が、全民族の共通認識として広がりつつある。これによって、朝鮮民族を犠牲にして自己の支配野望を実現しようとしているアメリカの侵略策動は、抵抗にぶつかって阻止され破綻をきたしている。

朝鮮半島の平和を蹂躙し民族の安全を脅かす如何なる企ても許されない。北朝鮮の先軍政治は決して北朝鮮だけのためにあるのではない。先軍政治は韓国民を含めた全民族の尊厳と安全と利益を守る愛国と愛族と愛民の政治として、民族の生存権と朝鮮半島の平和を破壊する外部勢力には無慈悲な鉄鎚を下す正義の宝刀なのである。

このような認識は、北朝鮮のミサイルに関する世論を通じても良く分かる。

アメリカと日本のマスメディアは、北朝鮮の長距離ミサイルがアメリカと日本はいうに及ばず韓国までも威嚇していると宣伝しているが、韓国の世論は、北の長距離ミサイルは射程距離の角度から見ても朝鮮半島地域に影響を与えるというより、アメリカや日本を制圧するためのものであり、また北のミサイルは朝鮮半島にとっては「安保の傘」であると評している。

このように韓国では北朝鮮のミサイルに対してそれほど気にしていないのだが、よしんば北朝鮮が長距離ミサイルと核弾頭を保有しているとしても、それは同族を害するものではなく、アメリカと日本を牽制するためのものであるというのが韓国の民心である、と外電は伝えている。

韓国で一時「北の自主的軍事力を連想させる小説」に関する噂が立った。この噂を生んだのは「むくげの花が咲きました」と題した小説であった。作家はこの小説の中で、南と北の協力で基本となるのは安保協力であり、このために南北は共同で核兵器を開発すべきであると書いた。実話の素材に想像の手法を駆使して書かれたこの小説では、韓国はアメリカの隷属下にあるので核開発がままならぬが、北朝鮮は自主的な軍事大国なのでアメリカに秘して北朝鮮と協力すれば、民族の力で核兵器を作ることが出来るという問題提起をしている。この小説を読めば北朝鮮の自主的な軍事力についての理解が深まる。

先軍政治は全民族を網羅した枠内で安保問題を自主的に解決する、汎民族的な意義を有する政治方式である。南も北もひとしく先軍政治のおかげで得をしているというのが国際社会のマスメディアの評である。

これらのマスメディアは、もし北朝鮮がアメリカの侵略と干渉に「銃と剣」をもって反撃する先軍政治を行っていなかったならば、朝鮮半島においてすでに戦争が勃発していたであろうし、そうなると韓国の運命も終焉を迎えていたであろうと分析している。

これに関して政治学教授のパクボンヒョプは著書の中で「先軍政治と国民の姿勢」と題して、「我が韓国民の運命を守ってくれているのも北朝鮮の先軍政治だ。この天下無敵の先軍政治が無かったならば、ずっと以前にアメリカが起した戦争によって全国が火の海につつまれ、国民は全滅の戦禍を免れなかったであろう。・・・先軍の「銃と剣」があったからこそ、この地に政府が存在し、長官も国会議員も財界人もいられるのではないか。それが無かったならば、海外観光や金剛山観光や各種展示会などが可能であったろうか。本当に天恵を授かって生きている韓国民であると言える。この感謝の気持ちをどう伝え、この恩恵にどう報いられよう。」（二〇〇二年六月二日付『労働新聞』）と書いた。

先軍政治が真の愛国と愛族と愛民の政治となるのは、祖国統一の実現を確実に保障する政治方式であるからだ。

金正日委員長は「我が党が掲げた先軍の旗幟は、北と南と海外の全民族に民族的な自主意識と自尊心、民族的矜持と名誉心を高め、民族の統一と隆盛繁栄の前途を切り開いて行く、偉大な民族的な旗幟となっております。」（『金正日選集』一五巻三六五頁）と述べた。

国の統一かそれとも永久分断かという問題は、愛国と売国を分かつ試金石である。統一は愛国であり分断は売国である。それは我々が、一つになれば生きられ、二つに分かれては生きてはゆけない一つの有機体と同じようなものであるからだ。

我が民族はひと所の土地に住みながら五千年に及ぶ長き歴史を刻んできた単一民族である。我が民族が今日のように南北に離れ離れに分かれて住むようになったのは、民族の意志とは無関係に外部勢力によって強要された民族の悲劇である。国の分断に終止符を打って国土と民族を統一することは、分断によって同胞がこうむっている不幸と苦痛を洗い流し、民族の自主的かつ統一的な発展を成し遂げるための、民族にとって最大の課題である。歴史は、分断は隷属と亡国の道であり、統一は独立と繁栄の道であるとの真理を教えている。

国土と民族の分裂は我が同胞に計り知れない苦痛をもたらしている。民族の分裂のために我が国民は、自分の国・故郷なのに自由に行き来さえ出来ないでおり、手の届くところにいる血族や親族の生死さえも調べることがままならない、涙なしには語れないみじめな境遇に置かれている。また一国の資源と人材が祖国の繁栄と我ら皆の幸せのために統一的に利用されず、国と民族の自主的かつ統一的な発展が妨げられている。国土の分断と民族の分裂が長引けば長引くほど、南北間の違いは日が経つにしたがって大きくなり、制度上の違いがもたらす反目と対立は激しさを増し、民族の共通性は徐々に薄れて行くであろう。民族としての苦痛は、アメリカの隷属と支配下にある韓国民のほうが大きく受けている。

国の統一は民族の分裂がもたらすすべての不幸と苦痛に終止符を打ち、国が富強繁栄の道へと進む歴史的慶事となる。したがって祖国統一に寄与することは、愛国と愛族と愛民の精神の崇高な発現となるのである。

先軍政治は祖国統一を引き寄せ早める愛国と愛族と愛民の政治である。「銃と剣」は自主であり自主は統一であるという思想が織り込まれており、これに基づいて祖国統一を早める政治方式であるところに先軍政治の特徴がある。

祖国統一は自主・平和・民族の大団結という三大原則に則った時のみ実現する。祖国統一の三大原則を具現した政治のみが祖国統一を実現させる政治方式となる。先軍政治は祖国統一の三大原則を尊重し徹底して具現することを目的としている、祖国統一を実現する政治方式となっている。先軍政治は精強な軍事力をバックに民族の大団結を成し遂げ、我が民族同士で祖国の自主的な平和統一を実現させていく愛国・愛族の政治である。

先軍政治は民族分裂の元凶であり祖国統一の妨害者であるアメリカを追い出して、全国的版図で民族の自主権を確立する政治である。統一問題は本質において、我が国の版図から外部勢力を追放し、全国的範囲で民族の自主権を確立する問題である。

北朝鮮では現在自主権が堂々と行使されているが、韓国では自主権が侵害されている。したがって韓国が自主権を完全に取り戻すならば、それが即ち統一なのである。

しかしこれは決してやさしいことではない。何故ならば、アメリカが引き続いて主人として振舞おうとするからである。この地球上には帝国主義勢力によって自国の自主権が侵害されている国が数多あるが、韓国のように自主権が完全に蹂躙されている国は無い。韓国民が装甲車でひき殺され、純潔な女性が暴行を受け、ありとあらゆる侮辱を受けてもアメリカの犯罪者を釈放せねばならず、アメリカ政府に抗弁一つまともに出来ないでいるのが今日の現状である。

このような現実は、民族の自主権が踏みにじられれば、政権が存在したとしても政権としての体裁を失い、政権としての機能と役割を果たすことすら出来ないことを物語っている。祖国の分断は国土と民族の分裂であると同時に、自主権が確立した地域と、自主権が蹂躙され外部勢力によって隷属させられた地域との分断・分裂でもある。

したがって我が国を統一する問題は、一つの完全な自主独立国家を造る問題に帰着することになる。この問題を解決するためには、我が国に対するアメリカの新植民地統治を終わらせなければならない。この道のみが自主権を確立し、民族の自主権を大いに振るうための唯一の道なのである。

朝鮮の統一がこのように難しいのは、アメリカが関与しているからである。

韓国の支配層が朝鮮の統一を望んでいないせいばかりではない。過去において我が国を人為的に分断した張本人もアメリカであり、その屈辱を甘受するよう強要した張本人もアメリカである。アメリカは民族分裂の元凶であり祖国統一の最も悪辣な妨害者である。半世紀をとうに越した民族の分断史は、韓国に対するアメリカの支配を断ち切らない限り、我が民族同士、南北同士の真の和解と団結および協力と交流は成し遂げられず、統一も引き寄せ早めることが出来ないことをはっきりと物語っている。祖国統一は結局、反米自主に帰着すると言える。したがって祖国統一は反帝・自主で貫かれた先軍政治によってのみ早めることが出来るのである。

北朝鮮の先軍政治の威力は、韓国から米軍を撤収させ、韓国をアメリカによる隷属のくびきから完全に解放する作用をする。我が民族の不倶戴天の敵であるアメリカは、侵略と干渉を躊躇なく敢行するアウトロー国家である。アウトローには鉄鎚の懲罰が似合いであるように、他国の半分を強奪した帝国主義アウトローには、ひとえに民族の強力な自主的な力、精強な軍事力で立ち向かうほか道は無い。この力が他でもない先軍政治の力なのである。

金正日委員長は以前から、全同胞の団結した力で韓国に対するアメリカの新植民地支配を断ち切り、祖国の自主的な平和統一を実現することが私の確固たる決心だとしながら、そのためには力が強くなくてはならない、その力の源は自主的な革命武力にあると述べた。

無敵の軍事力をもって外部勢力を牛耳る金正日委員長の統一戦略は、民族分裂の根源に対する科学的な分析に基づいた方略である。今日の米朝間の対決は、二一世紀における我が民族の統一聖戦の基本戦線である。

今日アメリカは、朝鮮半島全域を支配下におこうと、北朝鮮に対する核戦争の企てまでも露骨に明らかにしている。我が民族がアメリカとの最後の対決で勝つか負けるかによって国の命運と統一偉業の成否が決まる。先軍政治はアメリカとの最後の対決で最終的な勝利を達成し、祖国統一を一日も早く実現する確固たる保障なのである。金正日委員長の先軍政治下で必勝の力を蓄積した北朝鮮は、好戦勢力があくまでも北朝鮮との軍事対決を選ぶなら、この機会を絶対に逃すことなく数十年間蓄えてきたすべての潜在力を総動員して対応するであろう。

アメリカの北朝鮮侵略を、祖国統一を成し遂げる機会に逆転させる、これが先軍時代の北朝鮮の軍と国民の覚悟であり、揺るぎない信念である。

国際社会の軍事専門家らは「軍事的対決は金正日委員長が最も得意としている分野だ。」、「米軍は金正日委員長の戦略と統帥術がある限り、北朝鮮との戦争で勝つことが出来ない。」と評している。ジレンマに陥ったアメリカはいま朝鮮半島で息を切らしている。紛れも無く悪の化身であるアメリカが、北朝鮮を「悪の枢軸」と罵倒して善悪を転倒させようとしても、歴史は人類の善と悪、正義と不義を正確に識別している。地球は先軍政治の祖国を軸にして回っており、世界の時間は先軍の「銃と剣」を基準にして流れている。北朝鮮を「悪の枢軸」と罵倒したその日ブッシュは、「時は我々の側ではない。」とため息をついた。それほどに、アメリカが置かれた立場は不安定で破局的である。

今のアメリカ行政府が、北朝鮮を軍事力をもって屈服させることが絶対に不可能であるとの結論に到達する時間が遅れれば遅れるほど、より高い代価を払うことになるというのが国際社会の世論である。

先軍政治の神秘な点は、戦えば勝つが、戦わなくとも勝つというところにある。先軍政治は傲慢で専横的な強敵を会談のテーブルに呼び出して戦利品を奉呈させたかと思うや、戦わなくともひざまずかせた。

国際社会では今、北朝鮮の戦略を指して「戦わなくとも勝つ、高等戦略」という世論が広まっている。

米朝平和センターのキムミョンチョル所長は次のように言った。「五千年に及ぶ民族史の観点から見るならば、朝鮮半島に最後に残っている外部勢力はアメリカである。朝鮮民族の恨（ハン）は最後の外部勢力であるアメリカに集中している。朝鮮民族の積もりに積もった恨は、ひとえに金正日委員長のみが晴らしてくれる。金正日委員長はアメリカと戦う準備を調えておきながらも、結局戦わずして勝つ高等戦略を駆使して勝利を得る稀代の名将である。北朝鮮はアメリカと戦わずともいくらでも制圧出来るということだ。北朝鮮はアメリカに立ち向かえる軍事力をバックにしてアメリカを協商の場に引きずり出し、その協商を必ず勝利へと導いて行くであろう。この過程で韓国はアメリカから統帥権を取り戻して自主権を確立することになる。韓国は『国家保安法』を破棄して真の民主主義が実現する。これが正に我が民族が一日千秋の思いで待ち焦がれている統一である。北朝鮮はアメリカと戦争せずともアメリカを制圧し、祖国を統一するであろう。」彼のこのような論旨は国際社会に広まりながら人々の耳目を集めた。

先軍政治は祖国統一の自主的な主体を一層強化する政治である。祖国統一の主体は我が民族の団結した力である。

全民族が一つの団結した勢力となり祖国統一の主体となるためには、卓越した民族の指導者を同心円の中心にして結合しなければならない。

祖国統一の主体は色々な勢力からなる。各界各層の構成員と立場の異なる政治勢力は、祖国統一を志向すると言う点では共通点を有しているが、彼らの具体的な要求と利害関係、祖国統一のための路線と方式においては一連の相違点がある。このような状況で祖国統一の主体勢力を編成して強化するためには、各界各層と多様な政治勢力の要求と利害関係を調節し、統一路線と方式の一致を見出すべきである。祖国統一の主体勢力を培い編成し導くこの重大な課題は、民族を代表し得る卓越した指導者によってのみ成し得るのである。先軍政治は金正日委員長を求心点にして、すべての同胞が祖国統一の主体としてその周りに幾重にも固まるようにし、その威力によって祖国統一を早めて行く政治なのである。

祖国統一の主体の内で核心的な勢力となるのは、一心団結を成し遂げた北朝鮮の革命勢力である。

北朝鮮の軍と国民は祖国統一実現を自己の運命と密着した自主的な要求として掲げているが、これが祖国統一の主体として最も重要な構成部分をなしている。したがって北朝鮮の革命勢力が一心団結を一層強化することは、統一のための闘いで主導的な役割を果たし、全民族が信念と楽観に満ちて祖国統一の道を力強く歩むようにする上で重要な意義を有する。今日北朝鮮では先軍の旗幟の下に、人民軍の「領袖決死擁護」精神が国民全員の感情として昇華し、国民の一心団結が革命軍の一心団結のレベルに達することによって、軍と国民は金正日委員長を中心に固く結束した強力な集団となった。

北朝鮮の先軍政治に勇気付けられた韓国の運動圏勢力も急速に成長している。

現在の愛国的な統一運動勢力は、国の分断に終止符を打ち統一を志向する各界各層からなる巨大な政治勢力として、統一主体の重要な構成部分となっている。先軍政治は団結した力でアメリカに反対し、連北統一を成し遂げるための闘いを力強く繰り広げる上で彼らを勇気付ける旗印である。金正日委員長の先軍政治を拠りどころにする時、民族の大団結も成功裏に成し遂げられ、金正日委員長を中心にして南と北と海外のすべての同胞が固く団結する時、統一の歴史的偉業もやり遂げることが出来ると言うのが我らの一致した心情である。

金正日委員長の先軍政治の威力は、反米自主化闘争にはっきり表れている。今でもアメリカの支配と干渉および戦争策動に反対する大規模な集会とデモと座り込みが繰り返され、アメリカに対する呪詛と憤怒の喚声が響き渡っている。

二〇〇二年四月、ブッシュが訪韓した際に、訪韓反対のデモと集会のため結局ヘリに乗って移動せざるを得なかった事実を一つとって見ても、反米の熱風がいかほどのものか見当がつく。米軍の装甲車が二人の女子中学生をひき殺した蛮行に抗議する数十万のロウソクデモは、反米が今や「生活の中の反米」、「大衆的な反米」として確固たる地位を占めるようになったことを現実的に証明している。このような現実は我々の統一隊伍がいかに飛躍的に成長しているかをはっきり示している。

特に二〇〇二年は韓国で反米運動の高潮が押し寄せた年であった。韓国の各界各層の国民が二〇〇二年を「反米自主化のための闘いの年」と宣言して、北朝鮮を「悪の枢軸」と罵倒したブッシュの妄言を糾弾し、彼の訪韓と核戦争挑発に反対する闘争、冬季オリンピック大会のショートトラック競技における金メダル強奪行為（アメリカ人の審判が韓国選手の優勝に異議をとなえ強引にアメリカ選手に金メダルを譲らせた事件）を糾弾する闘争、F―15戦闘機押し売りに反対する闘争、二女子中学生ミソニとヒョソニを装甲車でひき殺した蛮行を糾弾する闘争など、色々な形態の闘いが休みなく繰り広げられた。ここには生徒・学生、青年、労働者、農民、公務員、教授、宗教家、芸能人、家庭の主婦からはては年寄りや身障者に至るまで、各界各層の広範な国民が参加することによって、反米闘争は国民抗争の性格を帯びて広がっていった。

闘いの方法と形式も従来の抗議デモと集会、署名運動、断食座り込みなどの範囲を越えて、大規模なロウソクデモ、反米歌謡の普及と反米授業、一人デモ、反米血書作成、反米主題の展示会、米商品不買運動、集団断食祈祷の集い、ブッシュの似顔絵と星条旗の焼却、ホワイトハウスと国連本部への抗議訪問などと、以前とは問題にならないほど進歩していた。二〇〇二年に韓国で繰り広げられた反米闘争は、五千八〇〇余件、闘いに参加した総人員は延べ六四五万名に及んだ。

韓国の五〇余ヶ所で三〇万名が同時にロウソクデモを行い、幼い生徒らが反米の血書を掲げてデモに参加した出来事、三〇〇余名の各界代表が「民族自主宣言文」を発表し、七〇〇余名の社会団体のリーダーらが一所に集まってアメリカを糾弾した出来事、ソウルにあるアメリカ商工会議所が占領され米軍基地に火炎瓶が投げ込まれた出来事、そしてこのような反米機運に驚いた駐韓米大使や米国務長官やアメリカ大統領などが相次いで謝罪し、アメリカ大統領選挙の候補がみな「韓米行政協定」の改正を公約に掲げるなど、二〇〇二年の反米闘争がいかに広範かつ激烈に繰り広げられたかが分かるというものだ。

このように韓国内で反米運動が前例になく激しさを増しているのは、北朝鮮の先軍政治に大きく力づけられているからである。

いくら正当な偉業だと言えども、それを実現させる力があり保障があるからこそ、大衆は信じてついてくるのである。何時だったかソウルで行なわれた時局講演に出演したある講演者は、「我々がアメリカの隷属民として恥辱を受けながらも気落ちせずに胸を張って生きていられるのは、北が民族の自主権を守ってくれ、尊厳を万邦にとどろかす屈強な先軍政治を行っているからだ。」と叫んだのは、このことを良く物語っている。

先軍政治がある限り我々は太っ腹でいられる。先軍の「銃と剣」を信頼して統一闘争に立ち上がった七千万同胞の団結した力は、反統一勢力の逆流を押さえ、祖国統一の頼もしい大河を成して流れ行くであろう。

金正日委員長の先軍政治下で祖国統一の強力な主体が培われ編成され、その威力が大いに高まっている中、朝鮮民族がそれほどまでに願っている統一の日は日一日と近づいている。今日のこのような沸き立つ現実は、先軍政治こそ国家と国民と民族のための愛国と愛族と愛民の政治、民族重視論と民族優位論を具現した威力ある政治であることを実証している。

(四)　帝国主義勢力が存続する限り継続すべき恒久的な政治方式

先軍政治は帝国主義勢力が地球上に残っている限り、恒久的に堅持すべき戦略的な政治方式であるという特徴を有している。

金正日委員長は「先軍革命路線、先軍政治は、地球上に帝国主義勢力が残っており帝国主義勢力による侵略策動が続く限り、恒久的に堅持すべき戦略的な路線であり政治方式である。」（図書「我が党の先軍政治は偉大な社会主義政治方式である」単行本五頁）と述べた。

金正日委員長は、先軍政治は帝国主義勢力が残存する限り引き続き堅持すべき戦略的な政治方式であるとの考え方を提示することによって、先軍政治が路線的な価値をもつ重大な政治方式、帝国主義勢力が残存する限り変わることなく実現させて行くべき恒久的な政治方式であると明示した。

先軍政治は、北朝鮮革命が類例の無い厳しい試練を経ていた前世紀の中葉に始原を置くが、それは金日成主席を失った悲しみを乗り越え、経済上の厳しい難局を突破し、アメリカを頭とした帝国主義勢力の圧力と封鎖に立ち向かうという、単なる臨機応変の戦術的な処置としてだけでなく、歴史の荒々しい嵐の中で偉大な過去のみを守護するとか、困難が重なった当面の難局を収拾する戦術的な方略だけでもなかったことが金正日委員長の発言によって徐々に明らかになった。

最も厳しい難関を乗り越えて行かねばならぬ革命発展の特殊な時期に、恒久的な意義を有する戦略的な政治方式を打ち出すことは、リーダーならば誰しもが成し遂げられる課題ではない。

当面の難局を正確に収拾する政治方式を考え出したことだけをとって見ても、政治家としての実力が高く評価される。しかし一度に、当面の問題と戦略的路線を探求する展望的問題までも解決するということは、歴史上非常に稀なことである。このような政治活動は偉人の中の偉人のみが成し得る。

過去と今日そして明日を一つながりに見つめながら、戦術的な思考と戦略的な思索を手際よく結合させることの出来る非凡な政治家のみが、正確な政治方式を打ち出せるのである。人々はこのような政治家を千里慧眼の英知を備えたリーダー、一石多鳥の巧妙な知略と非凡な実践力を兼備した政治家として高く賞賛する。他でもない金正日委員長が正にこのような偉大なリーダーなのだ。

金正日委員長は金日成主席がやりのこした偉業に対する烈火のような忠誠の心情、国民に対する限りない献身性と責任感から指導方式・政治方式を新たに構想し、卓越した先見の明とずば抜けた判断力で革命の遠い将来まで見通しながら党の路線と政策を打ち出している。

先軍政治が帝国主義勢力が残存する限り恒久的に堅持すべき戦略的な政治方式であるという思想を打ち出したことは、金正日委員長の非凡な政治力を示すものであり、それは国民の自主偉業を正しい道に導く必勝の宝刀を創り上げた不滅の貢献となる。

先軍政治が帝国主義勢力が残存する限り恒久的に堅持すべき戦略的な政治方式となるのは、帝国主義勢力の存在は即ち侵略戦争を意味し、その帝国主義侵略戦争を粉砕して生きていく効果的な方法が先軍政治であるからだ。

金正日委員長は「帝国主義勢力の代弁者と日和見主義者らは、『冷戦の終焉』によってあたかも緩和と平和の時代が到来したかのごとく声を大にして叫んでいるが、帝国主義勢力が殺気をみなぎらしながら生きている限り、決して平穏であろう筈がありません。」(「先軍革命路線は現代の偉大な革命路線であり我が革命の百戦百勝の旗幟である」単行本四頁)と述べた。

帝国主義勢力は戦争の恒久的な根源である。

元々、戦争の無い平和な世界で互いに協力しながら仲睦まじく暮らし発展していくのは、社会的な人間の本性からにじみ出る念願である。しかし人類史は、自主的な人間の本性から出る要求とは異なり、絶え間ない戦争の繰り返しの中に流れてきた。

人類史を考察してみるならば、大半が戦争の歴史であったことが分かる。六千余年におよぶ人類史で、戦争が無かったのはたった数百年に過ぎない。

ヨーロッパだけをとって見ても、一七世紀にはヨーロッパ人口の一%だけが戦争に参加したが、第一次世界大戦ではヨーロッパ人口の一四%が戦争に参加した。国別に保有した兵力も一六世紀には平均して二～三万人程度であったものが、一八世紀には八～九万人に増えた。フランスでナポレオンが執権していた当時は、フランス人口の五%にあたる一〇〇万名の兵力が動員されたこともあった。

戦争という社会現象がなぜ発生するのか、戦争を防ぐためにはどうすればいいのか、という問題は昔から重要な関心事になっていた。人々の認識レベルが低かった時代にある人は、ある王の消化不良とか、ある妃のわがままが戦争を起したと言い、ある人は荒涼とした砂漠の一粒の砂が風に乗って来てヨーロッパ人を興奮させるとそれが戦争を起すと言った。またある人は、狂信者の胆嚢から胆汁が大量に分泌されるとか、征服者の心臓から血液が勢いよく流れ出ると戦争が起きると主張した。しかし戦争はこのような偶然の要因によって起きるものではない。

金日成主席が指摘したように戦争は本質において、特別な暴力手段をもちいた特定階級の政策の延長である。

戦争は特定の社会集団や社会勢力の利害関係や要求と関連がある。人類史において生産手段に対する私的所有制度が現れ、これに基づいて社会が搾取する側とされる側とに分かれて敵対階級関係が発生した結果、戦争は休みなく繰り返されるようになった。

人類史と共に戦争は、特定の社会集団や社会勢力が自己の根本要求を追求するために、武装して戦う組織的な闘争の様相をはっきりと帯びるようになった。これによって戦争の原因が、国民の自主性を蹂躙する搾取階級や搾取制度にあることが確証されるようになった。

搾取階級は自己の統治を暴力に依拠して実現させる。搾取階級の暴力に非搾取階級が暴力をもって立ち向かうのは必然的である。このようにして国内の範囲内では、勤労人民の暴力的な進出形態をとった、搾取と抑圧に反対する戦争が起きることになる。これと共に、支配欲をもった国による他国に対する征服戦争や侵略戦争が起きる。戦争の根源が搾取階級と搾取制度にあるので、搾取階級と搾取制度が存在する限り不可避なのである。

戦争は帝国主義時代に入って人類の生存と運命をおびやかす非常に深刻な国際問題となっている。帝国主義勢力の侵略的で略奪的な本性は、現代帝国主義の段階に来て益々全面的にあらわになっている。

現代帝国主義の特徴は単純な独占資本主義ではなく新植民地主義に依存しており、帝国主義諸国が互いに並列しながら存在しているのではなくアメリカを軸にして従属的に再編成されている。このような現代帝国主義を特徴づけている要因が、常に戦争を呼び起こしている。

現代帝国主義の政治経済的な基礎である独占資本の支配は、戦争の根源である。国家の生産手段と莫大な富を独り占めにした独占資本家らは、国家権力まで直接掌握して勤労人民を搾取し抑圧しているばかりか、ためらいもなく他国をも侵略している。帝国主義国家の独占資本家は、自己の独占的地位を利用して国家権力と社会生活全般を掌握し、勤労人民を苛酷に搾取しながら益々肥大化している。帝国主義国家の独占資本が肥大化し膨張すれば、海外侵略の道に突き進むのが歴史の法則である。

アメリカの政治構造がこれを実証している。アメリカの政治構造は、富を独り占めにしたごく少数の財閥・億万長者らの手に国家権力が握られ、彼らによって内外政策が決定されるという特異な構造になっている。

アメリカのこのような政治構造が帝国主義的な政治構造、侵略と戦争の政治構造を成している。アメリカには八つの大財閥が存在するが、金融部門ではモルガン財閥が先頭に立ち、政治的な側面からするとロックフェラー財閥が優位を占めている。ロックフェラー一家が政治に強い影響を及ぼし始めたのはアイゼンハワー政権時代からである。この時に大統領特別顧問としてネルソン・ロックフェラーが就任し、国防長官にはカモトス社の副社長キスが就任した。ケネディとジョンソンが執権していた時期には、国務長官としてロックフェラー財団総裁のラスクが、国防長官にはフォード自動車の社長マクナマラが、財務長官としてはやはりロックフェラー系の大企業である投資銀行デルトン・リドの社長デルトンが就任した。

ニクソン執権時にはロックフェラー財閥の執事格のキッシンジャーが国家安全保障問題担当補佐官、国務長官として影響力を行使し、ニクソン執権二期目に大統領補佐官に就いたフレニガンは投資銀行デルトン・リドの元副社長であった。カーター執権時には、ロックフェラーの構想によって発足した日米欧三極委員会のメンバーらが政府要職の大部分を占めて一名「ロックフェラー内閣」とも呼ばれた。

レーガン執権時には国務長官のシュルツをはじめとする外交関係評議会のメンバー三八名が、政策を決定する職責に登用された。この外交関係評議会はロックフェラー財閥がアメリカを支配するために創設した国際問題の専門機関で、一名「ロックフェラー国務省」や「影の政府」などと呼ばれた。この評議会の運営資金はロックフェラー財団が拠出しており、会長にはディビッド・ロックフェラーが就いている。この評議会のメンバーで政府要職に就いた者は数え切れないくらい多い。現ブッシュ二世行政府の前国防長官ラムズフェルド、商務長官エバンス、財務長官オニールはみな五〇〇〜二五〇〇万ドルの株券を所有しており、前国務長官であったパウエルは二四五〇万ドルの株券を所有している。このようにブッシュの閣僚中には財界と深いかかわりを持つ大金持ちが多い。

政界の要職を占めた億万長者らが、自分らの独占資本の利益に合わせて政策を決定し政治を行っているのがアメリカ「民主政治」の実態なのである。

アイゼンハワー執権時に国防長官であったウィルソン（ゼネラルモーターズ社長）は自己の本心を隠さずに、ゼネラルモーターズ社にとって利益となるのは取りも直さずアメリカの利益になり、アメリカの利益は即ゼネラルモーターズ社の利益であると発言して世間を驚かせた。現ブッシュ政権は、議会選挙と大統領選挙の時に資金を出した「エンロン社」のような独占資本の利害を考慮しながら政治を行っているとして、国際的な非難を浴びている。

帝国主義国家の政治家らは例外なく独占財閥家かもしくはその執事である。したがって帝国主義国家においては、構造的に独占財閥一辺倒の政治構造、海外膨張指向型の政治構造にならざるを得ないのである。帝国主義国家では政治の反国民化やファッショ化が益々ひどくなり、経済の軍事化と軍備競争が激しさを増している。これらの国が世界の至る所で侵略と戦争策動を絶え間なく繰り返しているのは、帝国主義独占資本家らのあくことなき膨張主義的な野望からくる必然的な結果である。

国力を総動員して海外膨張へと突き進もうとする帝国主義国家の裏には、飽くことを知らない貪欲さをむき出しにした独占資本家がいる。独占的な支配権を悪用して政治の実権を握り、国家の財力と富を軍備増強にまわし、国際的な版図で市場を拡大して独占利潤を獲得しようとするのは、帝国主義独占資本家らに固有な生理である。独占資本家らのこのような生理は、侵略と戦争を通じてのみ満足するのである。

現今の世界で侵略と戦争の主な勢力は米帝国主義である。

アメリカの侵略的な本性のために世界は常時不安定状態に置かれている。狼が羊には絶対なれないように、アメリカの侵略的な本性は昔も今もそして明日も決して変わることはない。アメリカが最近になった騒ぎ立てている「平和戦略」とか「反テロ戦略」なるものは、狡猾な力の政策の変種である。

力の政策は昔も今も依然としてアメリカの世界制覇の軸となっている。アメリカは「テロとの戦い」によって国際情勢の緊迫が増せば、テロの威嚇を受けている国々がアメリカの安保の傘に入ってくるであろうし、これを通じて世界制覇戦略の実現に有利な環境を造り出すことが出来ると打算している。世界から自主勢力を抹殺し、国際社会を自国の勢力圏内に入る世界へと造り変え、国際社会に対する支配権を無制限に行使しようとするアメリカを、力の政策が支えている。

アメリカが「テロとの戦い」の手始めとしてアフガニスタンを侵攻したのは、なにもアルカイダを消滅するためではなく、この地域に対する力の支配を実現するところに本当の目的があった。アメリカが追求した目的は、中央アジア地域に米軍を駐屯させることによって中国とロシアを牽制すると共に、この地域の原油資源を確保するところにあった。アメリカがイラク侵略を「テロとの戦い」の第二段階に設定して軍事行動を起したのも、中東地域に対する支配権を確立し、この国の原油資源を独占しようとしたところにその目的があった。

アメリカは九・一一事件以降、「反テロ戦略」を自国の軍事戦略の柱に据えると公式に宣言し、二一世紀は「反テロ戦」がアメリカの戦略の中心課題になるとした。

これは国際社会において自分らの気に食わない国に対しては「テロ国家」とか「ならず者国家」のレッテルを貼り、完全に除去するまで「テロとの戦い」を長期的に繰り広げていくということを意味する。ブッシュは「恒久的な平和のために恒久的な戦争」を展開させるとしながら、全世界的な規模で侵略と戦争を休みなく繰り広げようと悪辣に策動している。ブラジルで大統領選挙が行なわれた時に遊説に立ったある候補者は、九・一一事件以降ブッシュは「戦争を起すことだけを考えている。一〇を言ったらその内の九までが戦争に関する話で、アメリカはこのような人物を大統領にしている。彼は何時も新たな敵を探している。」と非難したのは偶然ではない。ブッシュを戦争狂として糾弾する国際社会の声が日ごとに高まっている。

現代帝国主義勢力が非難を浴びてはいるが、その勢力が相対的に安定した礎の上に存在している点を無視することは出来ない。

帝国主義勢力が存在するために、進歩的な人類は戦争の危険から逃れられない苦しい立場に置かれている。

帝国主義勢力が軍事力を動員して国際舞台で戦争と侵略策動を露骨に強行している状況で、自主と平和を志向する国と民族が生存する道は、帝国主義勢力に正義の戦争で立ち向かうほかに道はない。戦争は二つの性格の戦争、即ち正義の戦争と不義の戦争に分けられる。戦争の性格は戦争を遂行する階級や集団が追及する目的によって規定される。

勤労人民を搾取し抑圧するとか、他の国家や民族を支配し隷属させるために搾取階級と帝国主義勢力が起こす戦争はどんな戦争であろうとも不義の戦争であり、国民の自由と解放のために、国家と民族の自主権を守護するために勤労国民が展開させる戦争は正義の戦争である。

不義の戦争には、支配と隷属に反対する勤労人民の革命的進出を弾圧する搾取階級の反革命的国内戦争、民族解放のために戦う国に反対し社会主義国家と新生独立国家を圧殺しようと敢行する帝国主義勢力の侵略戦争、より多くの植民地獲得と市場独占のために帝国主義列強同士が起す略奪戦争などがある。

このような不義の戦争は自主的な国民が展開する正義の戦争によって粉砕し撃破されなければならない。

正義の戦争の本質的な特徴は、国民が自己の自主性を擁護し実現するために起す戦争であるというところにある。革命戦争は正義の戦争の最たるものである。革命戦争は党と領袖を中心に結束した軍と国民が展開する戦争、帝国主義勢力の侵略から祖国と革命の戦果を守護するために繰り広げる愛国・愛族の戦争である。

自主的な国の国民が帝国主義勢力の不義の戦争には正義の戦争・革命戦争で立ち向かってこそ自己の自主性を守り通せるとの観点をもってはじめて、複雑多端な今日の世界で自己の運命を正確に開拓することが出来るのである。先軍政治の真理性や生命力や普遍性は、帝国主義勢力が残存する限り恒久的な政治方式として存在しながら国家と国民の運命を頼もしく守り通すところにある。

先軍政治の恒久的な性格は、帝国主義勢力の侵略的・略奪的な本性と、帝国主義勢力が恒久的に存在するという特徴によって規定される。先軍政治が掲げる正義の「銃と剣」は、帝国主義勢力が侵略の銃と剣を手にして国の自主性を侵害した時に手にとる革命の「銃と剣」なのである。したがって先軍の「銃と剣」の時効は、帝国主義勢力の残存如何によって決まる。

侵略的な本性をもった帝国主義勢力と対決している自主国家の革命原則は、何時になろうとも変わることがない。先軍政治は革命的な戦争観で貫かれた政治方式である。自主国家の軍と国民は戦争を望みはしないが、決して恐れはしないし、平和を乞いもしない。先軍の「銃と剣」は不義の戦争を革命戦争をもって打ち懲らしめる必勝の「銃と剣」である。国の自主権と国民の運命と平和は、銃の上にある。

先軍政治は修正主義的な戦争観とかブルジョア的な平和主義を排除する。社会主義の背信者らは核兵器が出現した今日、戦争を正義の戦争と不義の戦争に分類するのは無意味であり、地球上の何処で戦争が起きたとしても結局核戦争へとエスカレートし、人類を壊滅から救うことが出来ないと主張し、戦争一般に反対した。これは核恐怖症に基づいて厭戦思想を吹き込み、帝国主義勢力の侵略性を否定するどころか彼らの「良識」に期待をかける投降主義とさして変わりがない。

社会主義の裏切り者フルシチョフは、米雑誌フォーリン・アフェアーズに発表した小論の中で、ソ連人は戦争を望んでいないとしながら「自己の社会制度の優秀性如何を闘いとか戦争ではなく、平和共存下での競争を通じて証明しよう。」と主張した。フルシチョフのこのような詭弁は結局ソ連人の間に戦争恐怖症や厭戦思想を広め、無謀な犠牲を避けようとするならば正義の革命戦争にも反対すべきであるという反国民的な思想を植え付けた。

休みなく繰り広げられる帝国主義勢力の侵略策動や戦争挑発策動には、先軍政治の旗幟を高く掲げて正義の戦争で立ち向かうべきである。先軍政治は精強な軍事力をもって、敵が誰であろうとも敢て手出しが出来ないようにする政治方式、侵略者には断固とした無慈悲な懲罰を加える政治方式である。

帝国主義勢力の戦争挑発策動に革命戦争で立ち向かえる精強な軍事力は、先軍政治によってのみ保有することが出来る。

先軍政治は軍をどの国の軍とも比べ物にならないほど政治思想的にも完全無欠に、肉体的にも技術的にも強力な武力に育て上げる。また国家の予算と資源が優先的に防衛産業の発展に回されて防衛産業のがっちりした土台を構築し、さらに進んで国の工業全体を急速に発展させるだけではなく、全国を難攻不落の要塞に造りかえることになる。

先軍政治は戦争の方法だけで敵を懲罰する好戦的な政治方式ではない。

帝国主義勢力は暴虐ではあるが、それと共に非常に卑怯で脆弱な存在でもある。帝国主義勢力のこのような特性は、弱い獣には獲物として食らいつくが、トラのような強い動物にはしっぽを巻く狼に似ている。帝国主義勢力は結局、先軍政治の前にひざまずく。

アメリカは「核開発」を口実にして北朝鮮を挑発したが、降伏文書と同じような大統領の保証書簡を寄越してきたことや、北朝鮮の核拡散防止条約脱退に低姿勢で対話に応じたことはその良い例である。

したがって国際社会の世論は「先軍政治は暴虐な狼をトラの大胆な気性で抑えた力の政治」、「銃声のない戦争で連勝する政治」と先軍政治を賞賛しているのである。

先軍政治が、帝国主義勢力が残存する限り恒久的に堅持すべき政治方式となるのは、反帝闘争精神と革命的原則で貫かれている政治方式であるからだ。

金正日委員長は「我が党は帝国主義勢力との尖鋭な対決の中で先軍の旗幟を掲げました。我々の銃と剣は階級の銃と剣・革命の銃と剣であり、反帝階級闘争の最も威力ある武器であります。」（「先軍革命路線は現代の偉大な革命路線であり我が革命の百戦百勝の旗幟である」単行本一八頁）と述べた。

先軍政治の恒久的な性格は、潔白で剛毅な反帝闘争精神と革命的原則によって決まる。

潔白で剛毅な反帝闘争精神と革命的原則は社会主義の国家と党と国民の命である。反帝闘争精神は帝国主義勢力に対する妥協を許さない闘争精神であり、敵との戦いに勇んで出かける闘魂であり、革命的原則は労働者階級の根本と階級的原則を守りながら革命を推し進めていく観点であり気風である。

社会主義偉業の成否は、党と国民が反帝闘争精神と革命的原則を堅持するのか否かに大きくかかっている。社会主義の国家と党と国民が反帝闘争精神と革命的原則を堅持すれば、帝国主義勢力が残存する限り最後まで革命をやり通すという覚悟をもって戦うようになる。

自主的な国民の根本理念は社会主義であり、それは本質において反帝・自主の理念である。

社会主義は資本主義を否定して誕生するので、反帝を差し置いた社会主義などあろう筈が無い。帝国主義勢力と戦わず互いに協力しながら社会主義の革命と国家建設を推し進めるという考え方は、砂上の楼閣のような空想である。

国と勤労国民が社会主義を目指すのを望む資本主義勢力や帝国主義勢力など存在する筈がなく、資本主義勢力や帝国主義勢力が社会主義制度に恩恵を与えるなど決して有り得ない。帝国主義勢力の要求を満足させながら社会主義国家を建設する道などあろう筈が無い。社会主義の国家と国民が反帝闘争精神をかなぐり捨てるのは、社会主義の放棄を意味する。したがって社会主義制度を守り通しながら国造りに励む過程は、反帝闘争精神を堅持していく過程であると言えよう。

反帝闘争精神と革命的原則を固守すれば社会主義偉業はどのような厳しい試練や難関をも乗り切りながら前進するが、それをかなぐり捨てれば社会主義偉業は途中で道を誤り滅亡することになる、というのは世界社会主義運動が遺した教訓である。ソ連と東欧諸国で社会主義偉業が挫折し資本主義制度が復活したのは、社会主義と資本主義の関係が階級的な敵対関係にあるということを無視し、反帝階級闘争を放棄したことに重要な原因がある。

社会主義国家建設において革命的原則を堅持するということは、自主性を完全に実現しようとする自己の根本的な要求と利益を最後まで固守し具現していくことを意味する。

社会主義国家建設の過程で闘いの環境と条件が変わるにしたがってその戦術が変わることも有り得るが、革命的原則は決して変わってはならない。革命的原則は、対外的には反帝の立場に表れ、対内的には社会主義国家建設において改良の方法に反対して革命的な方法と手法を堅持するところに表れる。対外的に反帝の立場を変えれば帝国主義勢力と妥協して手を携えるようになり、結局は社会主義制度を捨てて帝国主義勢力に呑み込まれる結果を招来することになる。

対内的に社会主義国家建設において改良主義を許容するならば、敵に「平和的移行」戦略実現の可能性を与え、社会主義制度を内部から崩壊させることになる。革命原則から離脱すれば結局社会主義制度も失い国民の自主性も蹂躙される。先軍政治はもっとも剛毅な反帝の立場と革命原則を固守することによって、些細な異色要素も付け入る隙を与えない。先軍政治のように剛毅な反帝で一貫した政治方式はこの地球上にはない。

反帝闘争は恒久的な闘争であり、したがって先軍政治は恒久的な性格を帯びることになる。

帝国主義は資本主義の最後の段階として必ず滅亡するが、一定期間は存在することになる。これは世界的な範囲で国民の自主思想が、帝国主義勢力を滅亡に追い込むほどには広まっていないからである。主体思想の社会歴史観は、資本主義・帝国主義勢力は国民の自主的な力によってその滅亡が早まり、結局地球上から姿を消すと見る。

一般的に言って社会歴史的運動とは、自主性を実現するための国民の創造的運動であると言える。国民が自己の自主性を自覚し創造的勢力として結束して立ち上がらない限り、どのような社会革命も起こりえない。たとえ客観的な条件が調ったとしても、主体的な要因である国民の自主性と創造性と意識性のレベルが低ければ社会歴史的運動は起こらない。資本主義・帝国主義勢力の滅亡過程についても同じように言える。

資本主義国家や帝国主義国家の国民が物質生活における奇形化、精神文化生活における貧困化、政治生活における反動化のような、資本主義や帝国主義に内在する反動性や腐敗性を認識して、組織的な勢力として結束し戦いを繰り広げてはじめて、資本主義・帝国主義勢力の滅亡を早めることが出来るのである。国民の意識化および組織化に基づいた社会歴史運動の積極化と活性化が、資本主義・帝国主義勢力の滅亡を促進させる基本要因となる。

しかし資本主義社会の発展に伴う富の蓄積と華麗な外面世界、世界の支配者として君臨する帝国主義諸国の殺気みなぎる気勢、ソ連と東欧での社会主義制度の崩壊による社会主義勢力の弱体化などは、国民が資本主義と帝国主義に内在する本質的な脆弱性とその滅亡の不可避を悟る上で一定の障害となっている。

マルクス・レーニン主義の理論家らが示した、資本主義滅亡の不可避に関する理論も現実味が薄い。理論家らは資本主義制度が発達すれば労働者階級の絶対的貧困が深まり、それは結局彼らを無産者に転落させることによって必然的に社会革命が起きるとした。理論家らはまた、最も発達した資本主義国家で革命が先に起きると見た。しかし歴史はそのように流れはしなかった。現代の資本主義社会では、技術が発達して肉体労働に従事する労働者の数が著しく減り、技術労働と精神労働に従事する労働者が急速に増している。また資本主義社会が発達するにしたがって独占資本の支配が強まり、ブルジョア的な思想文化が益々氾濫して、勤労国民の階級的覚醒と意識化過程を抑制する強い作用を及ぼしている。これは経済関係を中心にして展開された理論家らの命題が、現実と合わないことを物語っている。だからと言って資本主義・帝国主義勢力が滅亡しない永遠の存在であるということを意味するものではない。

現代の資本主義・帝国主義勢力の滅亡の不可避とそれを実現する方法は、主体思想によって既に完璧に明らかにされた。

自然界の運動には主体が存在しないが、社会歴史運動には主体が存在するとした主体思想によって、資本主義・帝国主義勢力の滅亡はその主体である国民の準備水準にかかっているとの真理が明らかになった。

資本主義・帝国主義諸国が相対的な安定期に入ったように見えるのは、それらの国の国民の意識化と組織化が遅れており、世界的な範囲で資本主義・帝国主義勢力が社会主義勢力に比べて一時的な優勢を保っているからである。

資本主義・帝国主義勢力の滅亡は歴史発展の法則であるが、その実現はこの法則に則った国民の覚醒と力いかんにかかっている。

主体思想が明示したこのような真理を正しく認識してはじめて、資本主義・帝国主義勢力の滅亡を早めることが出来るのである。今日資本主義・帝国主義諸国での相対的な安定と持続的な発展は、その滅亡を実現させる担い手である主体がまだ弱いことによって説明がつく。この問題が解決されない限り、資本主義・帝国主義勢力は一定期間存在しながら人類の歴史発展にブレーキをかけることになる。

資本主義・帝国主義勢力が一定期間地球上に存在しながら虎視眈々と侵略の機会を狙っている状況の下で、社会主義国家の国民は常時階級的に覚醒しながら反帝の立場を一貫して堅持すべきである。

先軍政治は地球上に帝国主義勢力が残っている現実的な状況に合わせて、潔白で剛毅な反帝闘争精神と革命的原則を最後まで守り通すことが出来る反帝闘争の力強い武器である。帝国主義勢力との戦いは必然的に「銃と剣」を要求する。銃と剣に訴えない帝国主義勢力など存在する筈がなく、「銃と剣」抜きの反帝闘争など考えることさえ出来ない。反帝闘争は「銃と剣」による対決であり、反帝軍事戦線は社会主義制度を守るための基本戦線である。

潔白剛毅な反帝の立場と革命的原則は、社会主義国家の生命線である。帝国主義勢力の侵略的本性に変わりがなく、より一層剥き出しにしている状況の下で、社会主義国家が一方的に反帝闘争の旗幟を下ろすのは、自らの墓穴を掘ることになる。

帝国主義勢力は自分らが存在する限りにおいて、色々な偽装と欺瞞策動を弄しながら侵略と略奪を平和と協調の看板で覆い隠し、資本主義の「物的、科学技術的繁栄」をもって社会主義国家の国民を誘惑するであろう。

したがって社会主義に対する信念と反帝思想が弱ければ、帝国主義勢力の誘惑に負けることも有り得る。

ソ連の時代に現れた社会主義の裏切り者らは、例外なく帝国主義勢力の欺瞞術に引っかかったか、もしくは社会主義に対する信念が弱い者らであった。

社会主義背信者らの共通点は、反帝の立場の放棄にあった。ソ連崩壊の端緒を作ったフルシチョフの思想は、帝国主義勢力が強い生命力を持った存在であるから戦わずに共存すべきであるという投降主義であった。このような観点から「帝国主義勢力との戦争は宿命的かつ不可避なものではない」としながら、その理由として「核およびミサイル兵器がある現況の下では、戦争は犠牲と破壊をもたらすだけであり、新たな世界大戦を挑発するその国のみならず、多くの資本主義国家にも前代未聞の犠牲と破壊をもたらす」ことを悟ったところにある、などという愚かな見解を出した。

フルシチョフは帝国主義勢力が理性をもって思考するようになり、核戦争を挑発しないという誤った判断に基づいて、「全般的かつ完全な軍備撤廃を実現する」提案を国連総会に出すに至った。フルシチョフはこの提案の合理性について次のように言った。「我々は約四年という非常に短い期間に全般的かつ完全な軍備撤廃を実現することを提議した。これはすべての武力を解散し、すべての兵器をなくし、軍需生産を中止することを意味する。核兵器と化学兵器、細菌兵器とミサイル兵器を最終的にそして永遠に禁じ除去するであろう。軍事関係の省庁と総参謀部は廃止され、他国の領土にある外国の軍事基地が撤廃され、誰もがもはや軍事学を学ぼうともしないし、任意の形態の軍事目的に資金を支出しなくなるであろう。国家には国内秩序を維持し公民の安全を保護するに必要な、ごく限られた規模の警察力と民兵のみが残ることになろう。軍事費支出がなくなることによって大小のすべての国が、経済分野に必要な膨大な物的資源を確保することが出来るであろう。」

フルシチョフはこれに基づいて、国民が長い間血と汗で生産した戦車と大砲まで廃棄するなど、ソ連の防衛力を前例になく弱体化させた。しかしアメリカはフルシチョフが考えたような理性的な存在では決してなかった。この悲劇的な事実は、反帝の立場は帝国主義勢力が残存する限り、一瞬たりとも放棄してはならないという教訓を証明している。

帝国主義勢力が存在している状況下で、階級的原則をかなぐり捨てるのは革命に対する裏切りであり、社会主義の放棄であり自殺の道であるということは、証明する必要もない真理である。

帝国主義勢力が依然として存在し、世代交代が絶え間なく続いている状況で、反帝の立場を一貫して堅持することは非常に重要である。反帝思想は、帝国主義勢力の侵略的かつ略奪的本性を体験した世代の方が、そうでない世代より強い。帝国主義勢力と直接的にも間接的にも対峙したことのない世代に、教育を通じて反帝思想を身につけさせるのはそう簡単なことではない。したがって社会主義の国家と党が現実性がある多様な教育システムを通じて、新世代が反帝階級意識をしっかりと身につけるようにすることは非常に重要な課題となる。この課題は先軍政治を行うときにのみ円滑に解決しうるのである。

先軍政治は反帝階級意識の武器である「銃と剣」を強化し、革命の反帝階級的原則と革命的原則を揺るぎなく守り通す。軍即ち党であり国家であり国民であるという先軍の原理に基づく先軍政治は、朝鮮労働党を先軍革命の前衛部隊として強化し、人民政権を国防を中心にした国家政権として強化・発展させ、防衛産業を基本とする北朝鮮式の独特な経済構造も一層強化・発展させることによって革命の原則を守り通すようにした。社会主義国家建設に関するすべての政策と路線および対外戦略は、どれもこれもみな反帝・革命原則を具現して打ち出されたものである。

これらのことは、革命闘争が続く全歴史的期間、反帝・革命原則を最後まで守り通すようにする先軍政治こそ、地球上に帝国主義勢力が存在する限り恒久的に堅持すべき戦略的な政治方式であることを示している。先軍政治が帝国主義勢力が存在する限り恒久的に堅持すべき政治方式となるのは、帝国主義勢力のあらゆる挑戦と妨害から社会主義偉業を最後まで守りかつ完成させる、威力ある政治方式になるからである。

金正日委員長は「我々は先軍の旗幟にしたがって主体革命偉業を成功裏に前進させ最後まで完成させていくでしょう。」(「金正日選集」一五巻三七〇頁)と述べた。

先軍政治の恒久性に関する特徴は、社会主義偉業の長期性とも関連がある。

先軍政治は社会主義偉業の遂行を保障する政治方式なので、先軍政治の存続期間と社会主義偉業の遂行期間が一致するのが普通である。先軍政治と社会主義偉業が時期的に一致するというのは、社会主義偉業を遂行する上で先軍政治が多大な役割を果たすということを意味する。

社会主義偉業は帝国主義勢力との熾烈な戦いの中で前進し完成する。また社会主義偉業は革命の主力軍に関する問題を正確に解決し、革命勢力をしっかりと調えてはじめて成功裏に推し進めることが出来るのである。先軍政治は社会主義偉業を遂行する上で持ち上がるこれらの重大な課題を円滑に解決する社会主義の基本政治方式になる。先軍政治を行えば、軍事力を強化して帝国主義勢力の挑戦と妨害策動を粉砕し社会主義制度を鉄壁のごとく守護し、革命軍を革命の核心部隊・主力軍として前面に押し立てて、社会主義国家建設を成功裏に導くことが出来るのである。

社会主義偉業は長期性を帯びる反帝・自主偉業である。

社会主義偉業が長期性を帯びざるを得ない要因の一つは、それが帝国主義勢力との戦いのうちに前進する偉業であるからだ。社会主義偉業は社会主義制度を樹立し、社会主義国家建設を成し遂げることによって、国民の自主性を完全に実現させる聖なる偉業である。社会主義制度を樹立した後には、社会に残存している古い社会の遺物を完全に清算するという歴史的な課題が持ち上がる。社会主義社会に残る古い社会の遺物を克服する闘いは、自然界と社会と人を国民の自主的本性に合わせて改造する過程を通じて行われる。

社会主義制度を樹立した後の社会主義偉業の主な内容は、自然改造と社会改造と人間改造の三つである。この三大改造を実現してはじめて、国民を自然界の拘束と古い思想文化の拘束から完全に解放し、自主的かつ創造的な生活を保障することが出来る。しかし古い社会の遺物を完全に清算する課題はそうたやすく達成されるものではなく、長期にわたる苦しくも厳しい闘いを通じてのみ成し遂げられる。これは社会主義偉業が長期性を帯びざるを得ない要因となる。

しかし社会主義偉業が長期性を帯びざるを得ない主な要因は、帝国主義勢力による反社会主義策動にある。帝国主義勢力は社会主義勢力の抹殺を基本目的として定めている。帝国主義勢力の対外政策は、社会主義国家の安全を侵害し、社会主義の国造りを妨害するところに基本がある。帝国主義国家は社会主義国家を目の敵にして常に侵略と戦争で威嚇するのみならず、社会主義国家の内部に残存している守旧勢力と結託し、反国民的な思想文化を利用して社会主義制度を内部から崩そうとしている。社会主義制度が樹立した後にも続く階級闘争は、帝国主義勢力との戦いの性格を帯びるのでなおのこと熾烈さを増している。

帝国主義勢力は反社会主義戦略を実現する上で、社会主義国家の内部にひそんでいる守旧勢力をそそのかす企てに大きな力を入れている。社会主義の国造りの過程で隊伍の中に裏切り者や背信者が出てくるのも、片方の手には核ミサイルを振りかざし、もう一方の手にはドルとあめ玉（援助）を振りかざす帝国主義勢力の策動と関わっている。

帝国主義勢力の策動は社会主義国家建設にも大きな難関を作り出している。

帝国主義国家は社会主義国家が経済や文化を発展させて強大になるのを望んでいない。資本主義・帝国主義国家は数百年の歴史をもっているが、社会主義国家は百年にも及ばない短い歴史しかもたない。このような事情で資本主義・帝国主義国家は社会主義国家と比べて相対的に発達した経済力と科学技術をもっている。資本主義・帝国主義国家は自分らの科学技術と経済分野でのハードとソフトおよびノウ・ハウが社会主義国家に入らないように制限しており、社会主義国家を経済的に窒息させるべく悪辣に企てている。

社会主義の国造りにおける基本は、国内の潜在力を正確に掌握して動員することにある。

社会主義国家が国造りを推し進める上で自己の潜在力を正確に掌握して動員するためには、国内の物的資源と人的資源を最大限に活用しなければならない。そのためには社会主義国家が自国の資源と技術と労働力を軸にしながらも、他国と経済交流をしなければならない。しかし資本主義・帝国主義国家は、国際市場の大部分を掌握した状況を利用して社会主義国家の経済交流に障害を設けている。これは社会主義国家に大きな支障をきたしている。北朝鮮が「苦難の行軍」時に厳しくも苛酷な経済不況にぶつかったのは、社会主義市場が消滅するにしたがって仕方なく資本主義国家と経済交流をしなければならなかった不利な条件と、これを悪用した経済封鎖のためであった。

帝国主義国家の反社会主義策動は、社会主義国家の国造りが難関にぶつかって試練を経ることになる主な要因である。

帝国主義勢力の策動によって社会主義国家建設は長期性を帯びるようになり、社会主義偉業は必然的に反帝の性格を帯びるようになる。社会主義国家が出現し前進する過程が熾烈な反帝闘争の様相を帯びるのはこれに起因する。史上初の社会主義国家であったソ連の実例がこれを如実に語っている。レーニンとスターリンの時代のソ連は、軍事力の強化と経済の隆盛という政策を実施して長い間社会主義制度を守り通し、国造りにおいても一定の前進をみた。ソ連が第二次世界大戦に参戦してファッショドイツを撃滅する上で大きく寄与することが出来たのも、戦前から反帝の旗幟を掲げて社会主義の国造りに励み、将来を予見して軍事力を軸にした国力を築き上げたからである。

強大だったソ連の国力が弱体化し崩壊の道を突っ走るようになったのは、社会主義の背信者らによって社会主義偉業の反帝的な性格が希薄になり、階級闘争の旗幟が降ろされたところに原因がある。ソ連の発達、そして弱体化とそれに次ぐ崩壊の全過程は、社会主義偉業を反帝偉業で貫き戦えば社会主義国家は隆盛するが、そうでない場合は社会主義国家が弱体化して、最後には滅亡するという深刻な教訓を遺した。

先軍政治の恒久的な性格は、それが「銃と剣」によって開拓された北朝鮮の革命偉業を、「銃と剣」で完成させる政治方式であることと関わっている。

先軍政治には金亨稷先生（金日成主席の父君、革命家）の「志遠」の志と、金日成主席の志を継いで最後まで革命偉業を完成させようとする金正日委員長の固い信念と意志が織り込まれている。私が成し得なければ息子が成し遂げ、息子が成し遂げられなければ孫がやり遂げることになっても、必ず国を独立させなければならないとした金亨稷先生の「志遠」の志をいつも胸に深く刻み込んでいた金日成主席が、一九四三年の春に夫人とともに白頭山の小白水谷の小道を散策した時のことであった。抗日戦で倒れた同志を追憶しながら金日成主席は、「我々は革命の途上であまりにも多くの貴重な革命同志を失った。我々の前には彼らの分まで奮闘して強盗日帝を打ち倒し祖国解放を成し遂げ、さらに進んで我が人民が望んでいる社会主義国家を建設するという聖なる事業が待っている。私は父が教えたとおりに、私がこの聖なる事業をやり遂げられなければ代を継いで息子がやり、息子が成し得なければ孫の代に持ち越されようとも必ずこの事業を成し遂げるようにしてみせる。」と述べた（図書「金日成同志の伝記」一巻一一二頁）。

先軍政治は、金亨稷先生と金日成主席のこのような崇高な志をそっくりそのまま一身に引き継いだ金正日委員長の意図を具現していく、偉大な政治方式である。

金正日委員長は一九九七年一月二日、主要幹部らに「金亨稷先生がマンギョンデを出発した時に作った有名な詩『南山の青い松』の中で、この身が闘いで倒れれば息子と孫の代に至るまで代を引き継いで革命偉業を完遂させて見せるとの決心を披瀝した。金日成主席がそうであったように、私も祖父と父の崇高な遺志を継いで代を引き継いで革命偉業を完遂させてみせます。」と述べた。

金正日委員長のこの言葉の中には、革命偉業を最後まで完成させてみせるという金正日委員長の揺るぎない信念が込められている。革命偉業を最後まで完成させてみせるという金正日委員長の信念は、金日成主席の遺産である社会主義偉業を必ずや実現して見せるという忠誠の信念であり、帝国主義勢力との決戦において必ずや敵を壊滅させてみせるという、剛毅な反帝精神で貫かれた信念である。

先軍政治は金正日委員長のこのような信念を具現しているので、帝国主義勢力が残存する限り恒久的に堅持すべき戦略的な政治方式となるのである。

北朝鮮で主体偉業の完成を保障する先軍政治の不敗の威力は、それが潔白で剛毅な反帝闘争精神を具現しているところにある。

先軍政治によって固く結束した北朝鮮の「銃と剣」は、思想精神的な力と結合した威力ある「銃と剣」である。北朝鮮の「銃と剣」が思想精神的な力と結合したというのは、潔白で堅剛な反帝闘争精神によって支えられた「銃と剣」であることをいう。「銃と剣」に潔白で剛毅な反帝闘争精神をプラスしたのが、帝国主義勢力と反統一守旧勢力との決戦で勝利を得るための根本的な秘訣である。

帝国主義勢力とは一つ屋根の下で一緒に暮らせず、革命の崇高な理念を踏みにじる帝国主義勢力とは最後まで戦うという覚悟と結びついた「銃と剣」のみが、この地球上から侵略の根源自体を除去する強力な手段と成り得るのである。潔白で剛毅な反帝闘争精神を備えていない人の手に握られた「銃と剣」は、たとえ敵に狙いを定めたにしても、悪辣に飛びかかってくる敵を前にして躊躇するようになる。ソ連のフルシチョフとゴルバチョフがこの類に入る。彼らは帝国主義勢力を友と見なしたが、帝国主義勢力は決してソ連の存在と発達のために慈悲を施さなかった。帝国主義勢力はむしろこれを悪用して、一発の銃弾も撃たずにソ連と東欧の社会主義国家を一斉に崩壊させる結果を引き出したのである。

これは潔白で剛毅な反帝闘争精神と結びついた「銃と剣」でなくては、国民の自主性を実現するための革命の根本理念を最後まで実現することは出来ないことを示している。

反帝闘争での基本は反米闘争である。

それはアメリカに懲罰を加えることが、帝国主義勢力を最終的に滅亡させる基本方法となるからである。アメリカは現代帝国主義勢力の頭である。アメリカの歴史は絶え間ない侵略と戦争の血で記された歴史であり、アメリカは他民族の自主性を侵略で圧殺した「血の戦果」を星条旗の星として書き入れ、反平和の道を歩んできた。アメリカが自分らの気質として誇りにしているフロンティア・スピリットというのは、本質においては、どの国であろうとも制限なく侵攻し併合しようとする侵略の気質であり、アメリカ人らの「創造性」というのは他国にアメリカ式の秩序を打ち立てて支配しようとする傲慢な統治意識である。

アメリカは自国の利益と金儲けのためなら空恐ろしい略奪と残酷な戦争も厭わない戦争狂信者である。世界制覇はアメリカの最終の目的であり最高の利益となっている。アメリカの初代大統領であったワシントンは、「アメリカの行動は絶対に他国の利益を考慮してはならないし、ひたすらアメリカの利益のために自己の実質的で永遠な利益のみを打算すべきである。」という教訓を遺し、トルーマン、アイゼンハワーなどのその後のアメリカ大統領らは、ワシントンのこのような教訓にしたがって世界の至る所で力による強権政治と流血政策を敢行した。このようにして世界で起きた数多くの紛争と流血事件にアメリカの影の手が動かない所がなかった。

第二次世界大戦後、アメリカを軸に帝国主義勢力が新たに編成され、アメリカは世界で最大の戦争勢力となった。アメリカは第二次世界大戦後、滅亡に直面した資本主義国家の息を吹き返らせた張本人である。帝国主義勢力は第二次世界大戦を通じて甚大な打撃を受けたが、アメリカだけは莫大な利益を得て急速に肥大化した。アメリカは経済的にも軍事的にも資本主義社会で圧倒的な優位を占めるようになった。

アメリカは第二次世界大戦後の資本主義社会の変化に大きな影響を与えた。資本主義諸国を軍事的に掌握し経済的に自国の統制の下においたアメリカは、隆盛する社会主義勢力を牽制し、世界制覇の野望を実現するための侵略政策に益々悪辣にしがみつくようになった。アメリカを中心に資本の国際化が推し進められ、帝国主義勢力が互いに相争う関係から、互いに結託し協力する方向で再組織されることによって、壊滅に直面した資本主義国家は再生した。

アメリカは反社会主義策動の頭であり、最も悪辣な社会主義勢力の絞殺者である。アメリカは第二次世界大戦後、平和と進歩の砦として隆盛する社会主義勢力の威力に恐れを抱いて、これらの国に攻撃の矛先を集中してきた。この地球上に存在する社会主義勢力に対するすべての計略は、主にアメリカによって作成され実行に移されている。

したがってアメリカに反対して戦うのは、現代帝国主義勢力を最終的に滅亡させ、社会主義偉業の最終的な勝利を達成するための基本的なキー・ポイントとなる。現代帝国主義勢力の運命はその頭であるアメリカの運命にかかっている。

歴代の政権など問題にならないほどに好戦的なブッシュ二世行政府が出現した後、朝鮮半島情勢は引き続き戦争前夜へと突っ走ってきた。

ブッシュ二世行政府は北朝鮮の社会主義制度を抹殺する政策を「国策」として定めたのみならず、北朝鮮の崩壊を座して待つべきではなく、あらゆる手段と方法に訴えてでも前倒しにすべきであるとしながら、北朝鮮に対する核先制攻撃を作成しておいた。北朝鮮の先軍政治はアメリカのこのような戦争挑発を、懲罰の「銃と剣」をもって粉砕する政治方式である。アメリカが万が一にも戦争の導火線に火を点けるなら、先軍政治の威力によって歴史上最大の惨敗を喫して滅亡することになろう。

北朝鮮を押し潰そうとするなら、アメリカを先に押し潰してしまうというのが北朝鮮の覚悟である。

アメリカによって新たな朝鮮戦争が勃発するようなことがあれば、戦場は朝鮮半島の枠を越えアメリカ本土までが戦争圏に入るであろう。もし武力をもって北朝鮮を討とうとするならば、命をかけて戦う覚悟と意志をもち、最新鋭の防御手段と攻撃手段をすべて取り揃えた北朝鮮の予測出来ない打撃に、アメリカが終末を告げることになるというのが国際社会の軍事評論家らの予測である。

先軍政治の使命は国家の最高利益である社会主義制度を鉄壁のように守り、最後まで完成するところにある。北朝鮮の社会主義偉業の前途を阻んでいるのはアメリカである。したがってアメリカが北朝鮮式の社会主義制度を抹殺せんと飛びかかって来た場合、打撃を与える程度で済む訳がなく、アメリカの命脈を断ち切ってしまうというのが北朝鮮の軍と国民の決心である。先軍政治はアメリカの侵略と挑戦を粉砕して、社会主義偉業の最終的な勝利を保障する威力ある政治方式としてその威力を大いに振るっている。

ロシアの新聞「ソベェツカヤ・ロシア」は次のような記事を載せた。「現代の『悪の帝国』であるアメリカが西山落日の運命に直面するようになったのは、自然の成り行きである。数多い政治的および経済的な要因、特に道徳的に見た時、アメリカは二一世紀には必ず崩壊して、国際政治の地図からその姿を消すであろう。」

帝国主義勢力が残存する限り、先軍政治の道から絶対に退かない軍と国民の力強い戦いによって帝国主義勢力は最終的に滅亡し、社会主義偉業は輝かしく完成するであろう。

【著者紹介】

朴 鳳 瑄（パクボンソン）

１９２６年生　本籍　朝鮮全羅北道淳昌郡柳等面昌申里
１９５４年　明治大学政治経済学部経済学科　卒業
１９５７年　明治大学大学院政治経済学研究科　修士課程修了
１９８５年　在日本朝鮮人科学技術協会中央常任理事会　副会長
１９９２年　在日本朝鮮医学協会中央常任理事会副会長　定年退職
２００１年　光明社　社長

歴史学 博士

著書　金日成主席と韓国近代史（雄山閣）
北朝鮮「先軍政治」の真実－金正日政権１０年の回顧－（光人社）

2007年10月9日　初版発行　《検印省略》

アメリカを屈服《くっぷく》させた北朝鮮《きたちょうせん》の力《ちから》 ―金正日委員長《きむじょんいるいいんちょう》の先軍政治《せんぐんせいじ》を読《よ》む―

著　者　朴 鳳 瑄
発行者　宮田哲男
発行所　㈱雄山閣
〒102-0071　東京都千代田区富士見2-6-9
ＴＥＬ 03-3262-3231㈹／ＦＡＸ 03－3262－6938
郵便振替：00130－5－1685
http://www.yuzankaku.co.jp

印　刷　株式会社　三陽社
製　本　協栄製本株式会社

Printed in Japan 2007
ISBN978-4-639-02004-2 C1022